© Sana tu autoestima con las flores de Bach
Autores: Horacio Rodríguez Porto y Estela Millán

© Finis Terrae_ediciones
Departamento editorial de input output friends s.l.
www.finisterraediciones.com
info@finisterraediciones.com
Telf. 0034 981 551 734

Mayo de 2014 - Edición 1ª

ISBN: 978-84-942091-7-8
Depósito legal: C 827-2014

Sana
tu autoestima con
las flores de Bach

Horacio Rodríguez Porto
y Estela Millán

Índice

Lo esencial se puede ver, sólo si has despertado.

H.F.R.P.

Dedico este libro a mi querido hijo Ignacio Felipe, que es mi inspiración permanente en todo proyecto.

Se lo dedico en tributo también, a ese genio, a ese maestro, a ese hombre lleno de sentido humanitario y baluarte de las medicinas naturales como ha sido el Dr. Edward Bach.

También a mis queridos padres, hermana y sobrinos.

H.F.R.P.

Prólogo

Horacio F. Rodríguez Porto

Siempre soñé que lo más importante que me ofrecía la vida sería la posibilidad de ser «feliz». En mi hogar, donde crecí, donde me crié, donde mamé de mi madre mientras nos mirábamos pupila a pupila, piel con piel, donde balbuceé la primera palabra, donde di el primer paso; conocí la felicidad. Ahí, desde siempre, me convencí de que era posible. Si mis padres lo habían logrado, lo habían descubierto, ¿por qué yo no?, nunca me lo planteé, lo di por hecho.

John Lennon lo señaló: «mi mamá me dijo: hijo, no importa lo que seas en la vida, ¡intenta ser feliz!». Un día en la escuela le preguntaron qué quería ser de grande y él contestó «un hombre feliz»...

Esa base, ese cimiento me dio un afianzamiento, una solidez, una certeza, una convicción, una seguridad, una autoestima muy firme. Luego, las diferentes circunstancias de la vida se encargaron de querer mostrarme que había estado persiguiendo una utopía; aunque no, todo lo contrario, me di cuenta que era un desafío luchar por no perder lo que ya tenía impreso, enquistado en lo más profundo de mi ser, desde siempre. Me hizo más fuerte defender ese gran valor que poseía, estaba muy seguro de que no lo perdería. Aprendí a cuidarlo, a reconstruirlo, a alimentarlo, a hacerlo crecer, a disfrutarlo, a saber bien a ciencia cierta cuándo lo arriesgo, cuándo lo gano, cuándo lo pierdo, cuándo lo recupero. Todo esto se ha transformado en un juego divertido en mi vida.

Estoy hablando de la autoestima, como verás amigo/a lector.

Por lo cual quiero que veas la posibilidad de crearla si la has olvidado o perdido, de recuperarla, de sustentarla, de alimentarla, de hacerla crecer. Quiero que entiendas que no es nada imposible tenerla, y con ella la certeza de lograr la felicidad, que no es un fin, sino la suma de momentos, de situaciones, de motivos y motivos que alegran y oxigenan.

«Confía en ti mismo y serás invencible».

Prólogo

Estela Millán Magén

Durante gran parte de mi vida creí que lo más importante era quererse a sí mismo. Después de años de formación, de años de autoindagación, supe que lo más importante era conocerse a sí mismo, para después sí quererse y respetarse.

Todo tiene un proceso: me observo, me conozco, me acepto, me respeto y me quiero. Para poder llegar a tener una buena autoestima hay que trabajar el autoconocimiento, y esto es una constante en nuestra vida ya que las diferentes circunstancias en las diversas etapas nos muestran situaciones que nos ayudan a ver aspectos nuestros, a veces desconocidos.

Este libro me ha ayudado a verme de nuevo reflejada en muchas de las esencias florales como parte del camino recorrido, y como parte del aprendizaje que seguimos día tras día.

Es una gran responsabilidad hablar de la propia experiencia para que otras personas te lean; aunque cada uno debe fijarse en sí mismo para ver lo que se adapta a sus vivencias.

Todo se basa en la actitud mental que tengamos ante cualquiera de los eventos de nuestra vida. Si logramos una estabilidad interna, lograremos que la vida, ya de por si inestable por eso de la impermanencia, no perturbe nuestro interior.

Todo ocurre por algo en la vida, aceptemos lo que es y fluyamos con ella.

Deja de ir contracorriente y verás que todo fluye contigo. Mira en tu interior, no huyas de ti, eres lo mejor que tienes en la vida.

Introducción

La autoestima es de vital importancia a la hora de relacionarnos con el mundo, ya sea en nuestra parte emocional o en nuestra faceta laboral.

Influye de sobremanera el cómo estamos interiormente a la hora de mantener una actitud mental «positiva», es decir: ver el lado bueno de las cosas y no siempre el lado más oscuro.

Suele ser simplemente una tendencia, un hábito mental, que como todos los hábitos, éste también puede cambiarse.

Cuando logramos tener un buen nivel de autoestima, parece que todo a nuestro alrededor se modifica; pero no, todo sigue igual, lo que cambia es nuestra actitud, nuestra forma de ver la vida, de vivirla. Entonces todo lo vemos más sencillo porque hemos logrado modificar nuestra visión interior.

Hay muchas personas que creen que tener un alto grado de autoestima es igual a ser egocéntrico, y aunque puede que haya casos en los que el umbral se roce o pueda estar cerca; la persona que vive para conocerse más y mejor, comienza a aceptarse tal y como es para así comenzar una relación amorosa con ella misma.

Si el autoconocimiento nos torna humildes, no podemos ser egocéntricos al mismo tiempo. Lo que ocurre es que a muchas personas «les molesta» que los demás muestren seguridad en sí mismos cuando ellos no pueden lograrlo. Puede que no sean conscientes y que ante una persona que sí muestra seguridad, se mantengan distantes, a la defensiva o incluso con una barrera emocional, llegando incluso a ser desagradables con el otro sin motivo aparente.

Existe un gran desconocimiento emocional, desconocimiento sobre nosotros mismos. Con este libro queremos ayudarte a que reconozcas que eres un ser único y valiosísimo, a trabajar las emociones que todavía te duelen, y a aceptar lo que eres con tus virtudes y tus defectos. Si tienes este libro en tus manos es porque algo quieres cambiar en ti.

Conocernos y reconocernos nos dará el nivel de autoestima necesario para dejar a un lado el chantaje y la manipulación emocional al que sometemos a nuestros seres queridos y evitaremos, por supuesto, que nos sometan a nosotros.

Mírate-obsérvate-conócete-acéptate-quiérete-respétate.

Sana tu autoestima.

Atrévete a conocerte

AUTOESTIMA

Cuando decimos autoestima nos viene a la mente el querernos, apreciarnos, darnos valor, evaluarnos, aceptarnos, etc., y sí, es la percepción evaluativa del sí mismo, que es lo mismo que decir de **mí mismo**.

Se trata de un conjunto de percepciones, tendencias de comportamiento evaluativo dirigido hacia nosotros mismos, suma de sentimientos, evaluaciones, pensamientos y inferencias desde la percepción más íntima, más interna para establecer una sensación de seguridad plena, media o débil.

Se refiere a nuestra valía personal, cobra importancia porque el sentimiento de autoestima, estriba únicamente en lo que concierne a mí mismo, a nuestro ser, a nuestra manera de ser.

Este sentimiento, que hace a un determinado comportamiento, surge de nuestra mente, por ser un pensamiento, que emana desde la percepción. Por lo tanto, afecta nuestra manera o forma de estar en el mundo, de actuar, y a las relaciones o interrelaciones con los demás.

Sabemos bien que nada en nuestra manera de pensar, de sentir y de actuar escapa a la influencia general de la autoestima.

Cuando me doy cuenta, tomo real consciencia de que soy único y especial. Muchos lo atribuyen al narcisismo y la falta de humildad; sin embargo, es la base del sentimiento de confianza en uno mismo, y creador de la auto-valoración de sí mismo.

Autoestima es llegar a sentir y a pensar que uno se merece todo, sí, todo. Va más allá de las especulaciones, de atreverse a tener ambición, de aspirar al éxito. Esto último, de forma aislada, tiene su cuota de peligrosidad, porque si no logro el cometido me frustro y pierdo mi valoración. Afecta a mi autoestima, por no tenerla o tener poca.

Cuando cuido mi salud, mi cuerpo por fuera y por dentro, hago deporte y como bien, ahí sí me estaré valorando, porque estoy cuidando de algo que es un "valor". Esto es una parte de la estructura del comportamiento de la autoestima.

Algo que nos ha alejado de la autoestima es la educación dualista que se nos ha impuesto, aunque con buen criterio. Si sabemos aplicar el discernimiento, podemos darnos cuenta de que el dualismo es un invento mal ideado. Debemos entender que no existe ni lo bueno ni lo malo, lo correcto y lo incorrecto, la seguridad y la inseguridad, fuera de un contexto determinado.

Nuestra naturaleza humana no pertenece a una estructura rígida que no se pueda cambiar.

Sabemos que nada es definitivo.

«Nunca te conviertas en una víctima. No aceptes la definición de tu vida por lo que te dicen los demás. Defínete a ti mismo», Harvey Fienstein.

¿Me conozco?

Para poder llegar a tener un grado de autoestima elevado, es necesario que posea un buen concepto de mí mismo, y para que esto sea factible, es menester que me conozca mucho; sepa bien ¿qué soy?, ¿cómo soy?, ¿por qué soy?, ¿qué pienso?, ¿cómo pienso?, ¿por qué pienso en lo que estoy pensando?

Aunque tengo que haber comenzado mi exploración, conocimiento y saber de mí, desde lo más externo a lo más interno. Conocer primero todo mi propio cuerpo por fuera. Creo que lo conozco porque lo miro cada vez que me ducho, me baño, me aplico cremas, me tumbo en la playa a tomar sol, porque me miro y me dejo mirar en el momento de hacer el amor. Con todo esto, no me he visto lo suficiente, no me he observado lo suficiente. No conozco cada centímetro cuadrado de la piel de todo mi cuerpo; algún lunar o peca de la espalda se me ha pasado de largo; un lunar entre los dedos del pie, o en la planta, o debajo del glúteo, o más y más ejemplos. Seguro que ya tengo algunos años cumplidos y aún no he recorrido los dos metros cuadrados de mi piel, y hablando de piel, seguro que aún no sé de todas las sensaciones que tiene cada corpúsculo, cada mínimo espacio sensorial.

¿Las formas de mi cuerpo las tengo bien vistas?, ¿las tengo incorporadas?, ¿las tengo todas aceptadas?, ¿las quiero?, ¿las amo?, ¿las admiro?, ¿las cuido? Seguramente que no. Te propongo hacer una exploración, coge un espejo lo más grande posible para que te puedas ver de cuerpo entero. Es probable que en hall de entrada de tu piso tengas uno, o en la puerta de uno de tus armarios de ropa, y si no, igua, con uno más pequeño. Te observas un buen rato de frente y un buen rato de espaldas, coges un papel y un lápiz y trazas una línea vertical haciendo dos columnas. En la de la izquierda anotas lo que más te gusta de tu cuerpo; en la de la derecha, todo lo que no te agrada. Después de ello, comienza una tarea ardua para ti. Debes saber reflexionar, entender, comprender, pensar con convicción por qué dices que te gustan esas partes. Luego haces lo mismo con aquellas zonas que no te gustan.

Para esto, debes pensar qué te llevó a tener ese criterio de visión, de observación. Si está basado en el sentido común, en la inteligencia mental, en la inteligencia emocional, en el poder del ser interno, o es sólo una deformación de tu autoimagen lograda por la información, los medios de comunicación, los criterios del común denominador del mundo fenoménico, si es parte de la comparación con algún estereotipo que te vendió la publicidad o la cultura. Sería muy triste, si así lo fuera. Porque no es real, es la idea de un grupo de personas que quieren implantar como un «ideal» de forma humana. Sólo esnobismo, sólo moda, banalidad, frivolidad, superficialidad, nada real, auténtico, valedero, con peso, con sentido común, con criterio de lógica. Intrascendente. Aunque influyente en las mentes que no tienen imágenes definidas de autoafirmación, donde no existe una valoración fuerte, donde no hay una buena dosis de autoestima. Porque si la hubiera debería querer, aceptar mi cuerpo en su totalidad porque es mío, porque con el vivo la vida, con el disfruto, con el vivo y convivo. No hay nada más importante para uno mismo que estar dentro de «ese» envoltorio, de esa materia para poder desarrollar esta vida de experiencias y aprendizaje, de crecimiento interior, de camino hacia la «plenitud» de mi ser.

Hay una teoría del reencarnacionismo que dice que uno mismo elige, cuando es un *cuerpo causal y Ego,* la propia materia que va a tener, que quiere tener, y que necesita tener para poder llevar a cabo los exámenes pendientes, o lecciones sin aprobar que quedaron sin hacer en la vida anterior. Entonces nos lleva a pensar «¡qué ironía!», o «¡qué incongruencia haber elegido el cuerpo que tengo y sin embargo no lo admito, no lo acepto, no lo quiero!». Tal vez en ese punto nos damos cuenta de cómo nos influye el consumo publicitario, las tendencias de moda, la cultura pasajera, el estereotipo que proponen. De ahí que más de uno que no se ajusta a las tendencias y no se conoce bien sufre, sin duda, inútilmente sin sentido. No valora su cuerpo, sus formas, su materia.

Muchos pensamos que porque nos damos baños de inmersión con sales, espumas, aceites, o porque nos permitimos sesiones de masajes, nos mimamos mucho. También si le ponemos a nuestra piel las mejores cremas hidratantes, nutritivas, los mejores perfumes y lo cubrimos con prendas de calidad, al menos de marcas destacadas en el mercado del vestir. A todo eso lo denominamos querernos, y sin embargo no es así; lo hacemos para cubrir el déficit de amor que sentimos por nosotros y nuestro cuerpo en la mayoría de los casos.

Es interesante a esta altura del tema Autoestima decir que hay una diferencia muy grande entre ser y tener. Para ser no es necesario tener nada material, y para tener es necesario ser, porque si no (excepcionalmente), es mucho más difícil la posibilidad de acceder a las cosas.

Cuando digo soy, no me refiero a otro error de concepto que tenemos, que es el de tener chapas o no tenerlas. Lo importante sería que yo me valiese de mi personalidad bien cimentada, de la seguridad en mi mismo, de que cuento conmigo para todo. No lo podemos confundir con la autosuficiencia adquirida desde una estructura egoísta, sin sensibilidad y sin sentido común.

Cuando estoy seguro, poseo la libertad, nada me puede detener, mi fuerza interior hará que yo logre cualquier objetivo que me proponga.

Libertad es aquello que nace con nosotros, que viene implícito en uno mismo desde su nacimiento. No se compra, no se vende, no se inventa; es un derecho inalienable del ser humano. Luego, nosotros mismo nos encargamos de ir perdiéndolo; cedemos espacio a terceros, padres, educadores, amigos, parejas, etc. Y decimos, «estoy atrapado, me siento atrapado como si me hubieran puesto grilletes en los pies o en las muñecas», y sin embargo no los puso nadie, nosotros dejamos que se formaran en determinadas relaciones. Lo peor es que ahora no sabemos cómo quitárnoslas, nos resulta difícil.

Primera etapa:
Conócete a ti mismo

¿Qué pienso?

¿Cómo pienso?

¿Por qué pienso lo que estoy pensando?

Intenta responder con profundidad, reflexionando, tómate el tiempo necesario para pasar por debajo de la lupa el pensamiento que está teniendo protagonismo en el momento presente en tu mente, y observa su calidad de pensamiento, si es constructivo, positivo, si te deja algo interesante, si es un mensaje que estás necesitando o si es todo lo contrario. Intenta ver al cabo de todo un día qué pensamientos ocupan tu mente, de qué calidad son.

Ahora escribe los opuestos (antónimos), de las palabras escritas abajo. Y realiza un breve concepto de ellas; tanto de la palabra escrita aquí en el libro, como del antónimo que te sugieran cada una.

Estás trabajando la función analítica de tu mente.

FUERZA INTERIOR

LEALTAD

LIBERTAD

DESAPEGO

DISCERNIMIENTO

ABUNDANCIA

Ahora le darás un orden a los distintos valores de la vida según tu criterio. Puedes hacer una descripción breve de cada uno de ellos. Reflexionar y observar si los posees todos, si haces uso de ellos, si los cuidas, los respetas, los pones en práctica y, fundamentalmente, que puedas evaluar, en qué porcentaje hacer uso de ello en forma sana y natural.

SALUD, ÉXITO, PODER, DIVERSIÓN, CURIOSIDAD (avidez por saber), CREATIVIDAD, LIBERTAD, PASIÓN, SEGURIDAD.

Segunda etapa: El espejo

Debemos buscar nuestra esencia interna; aunque antes necesitamos detenernos en nuestra naturaleza externa, especialmente ver, observar nuestro cuerpo físico para admirarlo, mimarlo, quererlo, disfrutarlo. Aunque para ello es necesario hacer una evaluación, ver qué aprobamos de él y qué no. Hay comenzar a trabajar la aceptación del 100%, liberarnos de los prejuicios y limitaciones que nos impuso el consumismo mostrando estereotipos que puede ser que no se ajusten a nuestro aspecto físico, porque son bastante diferentes, y eso sólo nos trae complejos estériles y nocivos para nuestra psiquis.

A partir de ese momento comenzamos a trabajar en la aceptación de lo que elegimos desfavorablemente, para poder aceptarlas y sentir el mismo amor de cualquiera de la partes de nuestro cuerpo, sin diferencia alguna; aunque sea una aceptación resignada de la parte que sea. A fin de cuenta es nuestro cuerpo y nos da satisfacciones, nos permite la vida, andar por ella, estar en ella.

RECORDAR:

Recuperar la memoria.

Me refiero a recordar cuando nací. Por entonces era realmente un ser muy especial; aunque ahora también lo sea, antes lo era más porque sabía muchas cosas que luego se me olvidaron. En este momento voy a cursos, seminarios y talleres para que me recuerden cosas, o para aprender lo desaprendido.

Sí, hoy para aquietar mi mente, concentrarme, me enseñan que debo colocar los ojos en el entrecejo (en el centro espiritual de mi percepción interna), elevarlos veinte grados en vertical y luego centrarlos en el medio, después bajar los parpados relajados y quedarme así, mirando en mi interior, dentro de la pantalla mental. Eso ya lo hacía muchas veces al día cuando era un bebé, especialmente cuando quería conectarme con mi esencia. Entornaba lo ojos hacia arriba y entraba en estado de meditación.

Cuando eres un bebé sabes hacer los 54 *pránáyámas* de la respiración yóguica, que es la expansión de la bio-energía a través de los ejercicios respiratorios. Años después descubro que debo tomar un curso de respiración para reaprender lo que ya sabía, que sólo lo vuelvo a hacer cuando me aprecio. Me doy cuenta de que estoy utilizando solo el 30% de mi capacidad pulmonar y que quiero utilizar el 100% de ella, vivir bien oxigenado porque comienzo a entender lo valiosos que son mis órganos. Mi cerebro, mi hígado y mis ojos se nutren de oxígeno, cuanto más capten, mejor función desarrollaran.

Cuando comenzamos a tomar conciencia del cuidado del cuerpo, es cuando comenzamos a recuperar parte de nuestra autoestima, porque el valor más primordial de la vida de un ser humano es la salud. Recuerda que muchas veces habrás escuchado decir que lo más importante es la salud; que si la pierdes, se hace difícil recuperarla; que se puede, aunque cuesta; que lo mejor es preservarla, más que recuperarla, aunque, por supuesto, es muy válido.

Cuando era un bebé, hasta los tres o cuatro años, para levantarme del suelo me colocaba de lado, ponía la cabeza hacia abajo ajustando el mentón al pecho, inspiraba mientras me incorporaba, y por último levantaba la cabeza. Sabía que así nunca me podía dar mareos. Después me olvidé y hoy lo hago al revés; lo primero que hago es levantar la cabeza, no cojo aire, y a veces siento que me mareo. ¡Qué pronto me olvidé de toda la sabiduría que me dio la naturaleza del ser!

Mientras fui niño, evacuaba tres veces al día. Hoy es muy difícil que eso suceda, voy tan de prisa por la vida, que muchas veces no me doy cuenta de lo que me dice mi cuerpo; sin embargo me engaño diciendo que me quiero y que quiero a mi cuerpo. Es más, cuando evacúo no me doy cuenta de que en 2 minutos no puedo desocupar el tramo del colon descendente y dar tiempo a que pase a este la materia que ocupa el tramo transversal para poder descargar esa parte también, para quedar satisfecho y liviano. Recuerdo que antes dedicaba más tiempo a estar sentado en el inodoro. Siento que nos vamos desprogramando de un sistema inteligente que nos pusieron de fábrica. ¡Qué pena!, porque al fin de cuentas hemos venido sin nada y nos iremos sin nada. Enajenar nuestras vidas en esta carrera frenética no nos sirve de nada. Es casi imposible que intente conocerme, no me da el tiempo...

Los cuatro mecanismos de descarga

Llorar

Recuerdo que cuando niño lloraba con mucha pasión al punto tal, que cuando lo hacía mis lágrimas saltaban a la vez que rodaban por mis mejillas. Hoy sólo sollozo o moqueo, ya no lloro igual, perdí esa capacidad. No me lo permito con lo bien que me hace llorar, me sienta de maravilla, siento que saco todo el dolor fuera.

Gritar

Tampoco grito, sólo a quien no debo gritar, o en algún acontecimiento en el que sé que lo haremos muchos. Aprovecho y mezclo mi grito con los otros. Sin embargo, la naturaleza me aportó esta herramienta para que pudiera descargar, manifestarme. Recuerdo que antes en las películas de América del Norte se mostraba que cuando las personas tenían alguna aflicción, se iban debajo de un puente de ferrocarril y cuando pasaba el tren de cargas, que por lo general eran muy, muy largos, aprovechaban para hacer un grito sostenido que duraba hasta un minuto, sacaban desde bien adentro lo que les molestaba. Hoy me cuesta hacerlo, no sé cómo o dónde hacerlo, y además hasta creo que no está bien. No pienso que es otra herramienta valiosísima que me regaló la naturaleza para que descargara las broncas, los enfados y toda tensión acumulada en los órganos y las vísceras. Qué pena que no sepa aprovechar todo lo que traía implícito en mí para ayudarme.

Dar golpes

Sí, golpear, una manera natural de descarga, también nos la proporcionó la naturaleza. Recuerda cuando eras niño. Si observamos a los pequeños cuando están enfadados, se echan al suelo y comienzan a golpearlo con los puños y los talones a la vez que gritan, y también puede ser que estén llorando.

Entonces encontramos otra cosa más que hemos olvidado por dejarla de usar, de utilizar como medio natural de descarga emocional para quitar el sentimiento de rabia, de ira, si eso significa la necesidad de golpear. Preferimos parecer moderados, domesticados, educados, diplomáticos, serenos y dañar nuestro bazo, órgano que descargar nuestro veneno en una expresión natural como la de golpear.

Por supuesto que no se trata de golpear a otra persona, ni de golpear una pared con el puño, porque terminaremos con los dedos rotos. Pero podemos, cuando nos encontramos solos en casa, arrodillarnos sobre la mama y comenzar nuestra descarga de puñetazos contra el colchón hasta quedar exhaustos.

También podemos poner imágenes de personas o situaciones que nos han dañado o que nos están haciendo daño.

Lo recomendable es que durante un buen rato pensemos en cosas que nos causan daño, que nos es colerizan, nos llenan de rabia, de ira, y cuando estamos «bien cargados» del sentimiento-emoción de rabia, recién en ese momento realizamos la descarga. Debemos tener un tiempo de entrenamiento hasta que nos salga de forma fluida y profunda, para que vuelvan los recuerdos de cuando éramos niños y lo hacíamos con total naturalidad. Sentiremos posteriormente una sensación de lo más agradable de ligereza, de soltura.

Orgasmos

Los llamamos el cuarto mecanismo natural de descarga. El orgasmo también lo empleábamos cuando éramos niños. Si bien el niño está casi todo el tiempo tocándose los genitales, buscando sensaciones; el también siente la "cosquilla" del orgasmo, orgasmos en seco, ya que aún no eyacula ni desprende fluidos como niña, pero las sensaciones las tienen igual. En especial esto sucede durante la época más marcada de definición sexual (genero), de los 3 años a los 5 años; aunque después seguirá experimentando ya que le da desahogo, soltura de tensiones.

La sexualidad es medular, y la medula espinal cuando sufre mucha tensión, —ya sea por un alto grado de libido, por tensión nerviosa, por ansiedad, o por otra cantidad de motivos diferentes—, la única manera de relajarla, de ablandarla (sí, porque se tensa como un cable de acero), es a través de un orgasmo. Si es profundo mejor. Cuando digo profundo, me refiero al verdadero orgasmo, con una descarga muy similar a la de un ataque de epilepsia, una convulsión espasmódica, no meras contracciones o espasmos mínimos.

Ésta es otra cosa que deberíamos entrenar, buscando que cada día sea mejor.

Aplicando los cuatro mecanismos de descarga que no ha regalado la naturaleza, estaremos a salvo de A.C.V (accidente cerebro vascular), de una epilepsia, de un mal de párkinson, y de tantas otras enfermedades del sistema nervioso que son provocadas sin duda por la simple falta de descarga de tensión acumulada por años.

Intentemos recordar para poner en práctica algo que no deberíamos haber dejado de utilizar nunca, porque viene con uno para usarlo y dejaremos de aprovecharlo cuando se acabe la vida.

Estoy seguro que hubiéramos evitado la aparición de más de una enfermedad y tomaríamos menos pastillas para inhibir síntomas que son la muestra de un desorden de energía no procesada o bloqueada, sin haber descargado de su exceso.

Estamos a tiempo de recuperar el paso, de continuar haciendo usufrutuo de la naturaleza, que es muy sabia.

En la mayoría de los casos, la autoestima está relacionada con lo que hemos reprimido, restringido y dejado de hacer. Esa represión consciente o inconsciente ha hecho que nos privemos de la libertad de expresarnos en lo físico, en lo mental y en los emocional; haciéndonos daño y, sin darnos cuenta, cayendo en soluciones banas como la de enmascarar las reacciones naturales del cuerpo con pastillas. Error gravísimo. Nos vamos despersonalizando y quedando cada vez más con menos estima de nosotros mismos, terminando como autómatas, inanimados, sin fuerzas, sin entusiasmo, sin la posibilidad de la libertad total, de la que somos dueños incuestionables por derecho de nacimiento.

Tengo que buscar soluciones que corrijan, no paliativos que alivien en el momento, sino soluciones de recuperación de la salud plena, a nivel físico, mental o emocional.

Cuando el medio me desestabilice, me condicione, cuando no pueda apreciar que mi sentido de adecuación se ajusta a ello, debo tener la valentía de saltar fuera del círculo, porque sino nada cambiará. No se puede cambiar el cauce de un río, ni pararlo.

Valorar el tiempo

El tiempo, algo muy apreciado y a la vez muy descuidado, subestimado por muchos. Por lo general podemos decir que el tiempo se divide en tres tipos o calidades:

El tiempo propio es el que utilizamos para mayor provecho en nuestro crecimiento interno, para nuestro encuentro con nosotros mismos, para hacer cosas con nosotros y por nosotros. Desde leer un libro, estar en la bañera llena de aceites y minerales que revitalizan mi piel, hasta aquel que utilizo para disfrutar de una buena comida, para ver y gozar con un atardecer, para la reunión con amigos elegidos con buen tino, dormir un sueño placentero con una mente relajada o disfrutar de hacer el amor con la persona que me llena y a la que necesito dar y dar y dar... Estas cosas son las que hacen que ese tiempo sea propio, tiempo positivo, tiempo valioso, tiempo contabilizado en el haber, tiempo bien aprovechado...

Luego nos encontramos con **el tiempo alienado**, aquel que utilizamos para el trabajo. Si excede las horas normales, si me roba energía para el después, si me estresa, si no disfruto de lo que hago en ese tiempo, si estoy en todo momento mirando el reloj, esperando que pase, si me disgusto a cada instante por las modificaciones emocionales que vivo en ese instante de tiempo, si lo paso mal, si estoy pensando que la actividad me supera, si me cuesta resolver las situaciones del momento... no es calidad de tiempo. Hablamos de tiempo alienante porque se sufre en vez de disfrutarse.

Ahora llegamos a un calificativo de tiempo que no es nada positivo, que es **el tiempo perdido.** Esto lo sabemos hacer muy bien, y lo peor es que no nos damos cuenta. Muchas veces escuchamos que las personas dicen: «voy a trabajar mucho, así puedo comprar tiempo para disfrutar en el futuro», y hacen abuso del tiempo alienante. Después, en vez de usar el tiempo propio, lo malgastan en ver el informativo del día tres veces en distintos horarios, como si las noticias fueran diferentes. Además de eso, leen el periódico, donde leen las mismas noticias que ven en el televisor. Salen a la calle con prisa porque dicen que les falta tiempo. Se encuentran con un conocido y se ponen a hablar de política, de la novela, de cosas triviales, banales, superficiales, estériles, y después se preocupan porque el tiempo no les alcanza. En otros momentos dicen «hay que matar el tiempo», y si que lo hacen, de forma muy literal, una realidad cuajante, lo matan y de qué forma...

Otro ejemplo de tiempo perdido es el que utilizamos en una estación de autobuses o tren o aeropuerto si no llevamos un buen libro, o papel y lápiz, o un teléfono para compartir un conversación rica con alguien. Estar mirando la pantalla electrónica y el reloj en todo momento es una forma patética de perder el tiempo, porque sería útil emplearlo para estar con nuestro silencio en la mente, sintiendo nuestro interior, o regodeándonos con algún pensamiento placentero, hasta vivir alguna ensoñación sería provechoso.

Cuando te valoras te quieres, valoras tu tiempo, tus momentos, los instantes, cada segundo. Empleas una calidad de tiempo óptimo, positivo, sin caer en el equívoco de creer que el tiempo es el que tiraniza tu vida, controla tus ocupaciones, situaciones, circunstancias, vivencias. Tú no eres el dueño del tiempo; sino que tú lo debes administrar, debes de saber utilizarlo, sí, utilizarlo para tu conveniencia, ocuparlo de forma organizada para no desperdiciarlo. Tenemos que aprovecharlo al máximo, y en un sentido de beneficio permanente.

Con esto de «beneficio permanente» no debes confundirte y creer que hay que emplear todo el tiempo en ti, haciendo de él una constante de estar ocupado siempre, sin un solo instante para estar solo contigo, esto es patológico. Te llevaría a no encontrarte contigo, aún creyendo que todo lo haces para estar bien. Para que me entiendas, cuando tú haces programas todo el tiempo, reunirte con amigos, con la familia, con lo compañeros de trabajo, con los ex compañeros de facultad, con los ex compañeros de trabajo, con los amigos del club, llegas a casa, llamas a los mismos por el teléfono fijo, por el móvil, llegas a casa y pones música, enciendes la televisión, coges un libro de lectura pasatista, comes siempre con diferentes personas, cines, discotecas, bares, gimnasio, salir a correr, y así sin parar... tú a eso le llamas vivir a pleno, darte todos los gustos, disfrutar a pleno de la vida; y sin embargo eso es escapar de ti, huir de ti, no querer encontrarte contigo, no querer estar contigo mismo. Tienes que permitirte explorarte, conocerte, descubrirte, verte por dentro y por fuera. Piensa que llegaste solo a la vida, y que cuando te vayas de la misma te irás solo. Entonces lo importante es que aprendas a pasar momentos a solas contigo para poder sentir. Sí, sentir la vida, Sí, sentirte, no pensar la vida, no pensarte; sino que sentir, ser consciente de lo que haces, de lo que vives, de las sensaciones e improntas de cada uno de los instantes que vives, de ser presente permanente, estar en cada segundo, en cada presente sucesivo, en el ahora, en el ya, aquí, y después darte la oportunidad de sentirlo en tu soledad elegida.

Williams James dijo: «¿corro porque estoy asustado?, no, estoy asustado porque corro».

Obsérvate, date la oportunidad de saber por qué eliges tal o cual momento, ¿qué vas a vivenciar, qué eliges vivir, qué necesitas de esa experiencia, qué te deja el momento elegido, qué te ha dejado esa situación? No podemos sólo ocuparnos el tiempo, sino algo más. Si no es así debes replantarte por qué haces lo que haces, y en todo caso cambiar. La vida está llena de opciones, pero te muevas por la costumbre o la inercia, o la imperiosa necesidad de huir de ti en todo momento... Para y reflexiona. Estás a tiempo de comenzar a vivir en calidad el tiempo, que es tu tiempo, es tu vida misma, la tuya, sí.

Elije las personas, las situaciones, los momentos y las circunstancias más placenteras por decisión propia, y no por estar involucrado en los tiempos de otros que los ocupas por inercia, por soledad, por perder el tiempo, por ocuparlo , por llenar vacíos, por sentir que haces algo, porque en realidad no sabes qué hacer. Estar en todas, sumar experiencias, no decir nunca no a nada muchas veces son señales de baja autoestima. Sólo se hace por ser protagonista cuando se puede y cuando te dejan, por no ser el raro del grupo, o «porque así ocupo el tiempo y el día pasa, sino es muy largo y no sé qué hacer, me siento un inútil que pierde el tiempo», como si de la otra forma no fuera lo mismo. Estate atento, no te engañes, no te mientas, es muy fácil caer en esta trampa. Muchas veces la mente juega con nosotros, y lo peor es que no nos damos cuenta.

La soledad

El temor a la soledad nos hace vivir equivocadamente, mendigar amor, conformarnos con la primera persona que se nos cruza en el camino. Nos estructuramos y compartimos con aquella persona que se ha entusiasmado con nosotros y nos dice cosas lindas, aunque no la queramos. Nos vamos atando a ella, pensando «por lo menos tengo a alguien que me quiere», aunque no nos llene; aunque no sea la persona que elegiríamos para realizar nuestros sueños, para crear un futuro, para hacer una familia, para compartirlo todo. Pero antes de estar solo nos conformamos con lo que hemos conseguido hasta el momento, intentamos estar aturdidos, nos dejamos llevar por la inercia, hacemos programas, generamos situaciones de agitación mental, dedicamos mucha energía a la sexualidad. Intentamos de tener la mente ocupada. Mientras, lo único que hacemos es escapar de la soledad sin darnos cuenta de que la falta de autoestima nos está dominando. Nos dejamos llevar sin pensar que, seguramente, mañana nos reprocharemos haber hecho tal o cual cosa por no saber afrontar esa «soledad» y fortalecer nuestra estima, para poder elegir lo más apropiado, sentido, deseado y anhelado por nuestro ser.

Diferencias afectivas, volitivas e intelectivas

YO SIENTO, ¡sí!, está relacionado con la intensidad de sensaciones, emociones, los motivos y los pensamientos del momento que me llevan a sentir de determinado modo, según lo que esté haciendo o pensando, será posiblemente lo que esté sintiendo en el presente sucesivo. Lo fundamental es que pueda sentir lo que hago, lo que pienso, estar totalmente conscientes de ese sentimiento, tener los corpúsculos, la sensorialidad y los cinco sentidos puestos en ese presente puro, en ese «sentir» del aquí y ahora. De ese modo estaré aprovechando la vida, viva lo que viva en cada momento. No importa la circunstancia, el acontecimiento o la situación; lo importante es que yo pueda concebir la sensación con profundidad afectiva-emocional de ese presente puro, un presente único, donde están puestos los cinco sentidos más la percepción interna, la inferencia; la intuición de una mente lineal, que no está dispersa, que se mantiene unidireccional en cuanto a lo que estoy sintiendo, y ella piensa el mansaje que le llega, receptor-trasmisor-receptor. Con la libertad de ponerle color, imagen interna al pensamiento.

YO HAGO. ¿Qué hago?, ¿por qué lo hago, hago lo que hago consciente?, ¿lo elegí?, ¿en la elección qué sentimiento hubo, agrado, ilusión, molestia, fastidio, placer, gozo, resignación, etc.; o simplemente inercia, voluntad o rechazo? ¿Interés o simplemente aceptación?, ¿euforia o desgano, dinamismo o pereza?, ¿puse sentimiento y pensamiento en la acción? ¿Estoy actuando de acuerdo a lo que estoy sintiendo, de acuerdo a lo que he pensado hacer?, ¿soy consciente al 100% de mi actuar en la acción, en lo que hago?, ¿o sólo lo hago como un robot mecanizado y sin emoción, sentimiento profundo y pensamiento noble?

Debo prestar mucha atención a lo que hago, cuándo lo hago, y pensar por qué lo hago. Tengo que sentir lo que hago; sino estaré derrochando la vida, que es única e irrepetible. Con un crédito de libertad al 100%, que debo aprovechar al máximo y no ponerme límites, ni grilletes, ni barrotes o cercos alrededor, porque soy el dueño absoluto de mi propia vida y de mi voluntad.

YO PIENSO. Seguramente es lo que más hago, pensar, pensar y pensar muchas cosas. Algunas las siento, otras las creo para escapar de algún pensamiento. Aunque debo ser consciente de que todo lo que pienso no lo siento, no lo llevo a la acción. Esa energía, que es el pensamiento, termina minándome, ocupando espacio y hasta incomodando si lo paso a las sensaciones de sentir lo que pienso y permito que se ponga en marcha el motor de la voluntad consciente para llevar ese pensamiento a la acción. Siempre debo cuestionarme si lo que elaboro a nivel del pensamiento está regido por una emoción, o es sólo un acto repetitivo de ese almacenaje de ideas que me gusta «rumear» y tener en forma recurrente en el cerebro-mente, solo por el hecho o acto de pensar, dándole miles de vueltas a los mismos pensamientos, que no son producto de lo que siento ni de lo que hago. Debo pensar lo que hago, necesito sentirlo. Tengo que pensar y sentir, pensar y hacer; no sólo pensar y nada más, quedarme sin hacer y tampoco sentir lo que pienso, porque sería una energía desaprovechada o mal utilizada.

El deseo y el anhelo

Cuando tenemos una meta, tenemos un plan. Una meta es el resultado de la realización de un plan. Es interesantísimo advertir que una meta no es una intención.

Nadie tiene una meta real, sino está en contacto con lo que subjetivamente es su guía interior.

La pureza del corazón, que significa pureza de motivos, es el prerrequisito para acrecentar el poder magnético del corazón.

Las señales de sobre-estimulación que se pueden observar a medida que uno se sumerge en la luz interior son:

1. Amorosa comprensión
2. Salud
3. Alegría
4. Buena visión
5. Concentración
6. Buen humor
7. Claridad de la mente
8. Memoria clara
9. Espíritu cooperativo
10. Contemplación de un futuro más brillante

11. Valor
12. Creatividad
13. Energía física y psíquica
14. Autenticidad, franqueza y sinceridad

Marque cuales cree tener y escriba qué le faltaría para conquistar los otros estados, que son actitudes que nos conducen a **aptitudes** por medio del acto de la voluntad.

Bhagavad Gita II, 62, 63, 65.
De las cavilaciones en los objetos de los sentidos
surge el apego a los objetos de los sentidos;
del apego, nace el deseo,
y del frustrar el deseo, la pasión violenta
la pasión violenta alimenta el error;
el error origina el olvido de la experiencia;
el olvido de la experiencia destruye el entendimiento
y con el derrumbe del entendimiento
viene la pérdida del propósito mismo de la vida

EL DESEO

El deseo nace en la mente, lo crea la personalidad, el ego. Muchas veces suele hacernos daño, por lo que siempre decimos que la contracara del deseo es el sufrimiento. Muchas veces deseamos algo, y como no ponemos el empeño suficiente, la voluntad suficiente; no lo logramos, no llegamos a poseer lo que deseamos. Entonces, como resultado de ello, conseguimos sólo un estado de ansiedad, y como resultado final, la sensación de frustración. Es bien cierto que si ponemos mucha intención, un fuerte deseo, todo lo llegamos a obtener; «pide y se te concederá». Claro que debemos ver bien qué pedimos, por qué lo pedimos, para qué lo pedimos... ser consciente de ese deseo.

La pulsión nos mueve, es el motor, el deseo de vivir; pero no confundamos esto con la actitud caprichosa de lograr todo sin hacer demasiado, o sin haber reflexionado cada cosa que se le ocurre a la mente...

EL ANHELO

«El arte no sirve para nada, pero estremece al alma humana». El anhelo de felicidad nace en lo más profundo de nuestro corazón, en lo más profundo del alma humana; por ello el hombre vive ávido de un anhelo de plenitud, porque sabe que lo tiene reservado por merecimiento en la noble misión que deba cumplir en la vida.

Nunca le será negado, porque proviene desde otro terreno, desde otro punto de creación, de manifestación, de expresión, de surgimiento. Lo trasmitirá su propio ser interno, su dios interior, su esencia divina, su ser más profundo, su consciencia ampliada.

El sexo, la sexualidad

La sexualidad, dividida entre lo que es el placer físico, necesidad interpretada como el celo del animal más evolucionado del planeta, y el hecho de poseer cerebro-mente, único insaciable. Como función reproductiva, y como nexo comunicador.

Podemos considerarla el eje vertebral de las condiciones físicas, fisiológicas, anatómicas, sociales y psicológicas en las que una persona vive y se expresa a través de sus sentimientos, pensamientos, creencias, deseos, fantasías, valores, actitudes, conductas, relaciones interpersonales.

Identificación de los modos de relacionarte

Identificar cuál de los modos de relacionarte tienes experimentado y cuál no, de acuerdo con nuestros condicionamientos: carga cultural, medio ambiente, dogmas, etc

❀ Relaciones de afinidad

❀ Relaciones de complementariedad

❀ Relaciones eróticas

❀ Relaciones estáticas (estancadas)

❀ Relaciones simbióticas

❀ Relaciones de esparcimiento culinario

❀ Relaciones de mutualismo

❀ Relaciones parásitas

❀ Relaciones tántricas

❀ Relaciones de amor consciente

❀ Relaciones fraternales

❀ Relaciones platónicas

Intenta descubrir en ti cuántas y que qué tipos de relaciones desarrollas. Escribe un mínimo de tres renglones de cada una expresando qué sientes en ellas, y si eres consciente de que son las que vives o crees vivir.

El miedo, el más tirano de los sentimientos, la emoción que condiciona...

Cuando tienes miedo, este sentimiento-emoción hace que seas egoísta por el hecho de no confiar, de temer perder lo que es «tuyo». Eres celoso porque también tienes miedo de que haya alguien mejor que tú y que de repente tu pareja se fije en ese otro diferente a ti. Eres envidioso porque sufres el miedo de no llegar a conseguir lo que tiene la otra persona, entonces le envidias lo que posee. El miedo no es químico, no está en tu sangre; está solo en tu imaginación, y tú le das el tamaño, la forma, la dimensión que a ti te parece, aunque en realidad el miedo no existe. Tú puedes correr delante de él y sentir que se magnifica, que crece en cada paso que das, que es un monstruo que se agiganta a cada paso; sin embargo debes saber que con sólo parar de repente y girarte para mirarlo a los ojos, éste se desvanecerá. Se esfumará, desaparecerá solo porque no existe, está sólo en tu imaginación, en tu mente; que a veces te hace malas jugadas, te sabotea a ti mismo con pensamientos (creados por ti mismo) muy derrotistas, muy negativos.

ANTES DE AVANZAR MÁS, UN TEST, EL REFERENTE DE DÓNDE ESTÁS UBICADO...

Test de autoestima

Cuando alguien te necesita y no tienes tiempo o ganas de hacer favores...

A pesar de todo lo hago, no puedo decir que no.

Me excuso, para no tener que hacer el favor.

Digo que no puedo hacer lo que me pide.

1. Alguien te interrumpe cuando estás ocupado o haciendo algo muy importante para ti, ¿qué haces?

Lo atiendo, aunque procuro acabar cuanto antes con educación.

Lo atiendo sin mostrar prisa en que se marche.

No me gusta que me interrumpan cuando estoy ocupado.

2. ¿Te cuesta tomar decisiones cuando estás en grupo?

Si tengo confianza con la gente del grupo, aún me cuesta menos.

No me cuesta tomar decisiones esté donde esté.

Sí, me cuesta tomar decisiones cuando estoy en grupo.

3. Si puedes cambiar algo de tu aspecto físico...

Intentaría cambiar muchas cosas, me haría sentirme más a gusto con los demás.

Mejorar algo, aunque no cambiaría nada esencial.

No veo necesario cambiar.

4. ¿Cómo llevas el tema del éxito? ¿Has tenido muchos?

Sí, creo que todo lo que realizo es un éxito.

No, no creo que lo conozca.

5. Si estás en un grupo discutiendo algunos temas...

Por lo general la razón la tengo yo...

Presto atención a las diferentes opiniones, suelen ser válidas y enriquecedoras.

No doy mucha importancia a los otros comentarios.

6. Si un jefe, tus padres o algún superior te regaña...

Escucho con atención para aprender de mis errores.

Pienso «no tiene ningún derecho a tratarme así».

Me molesta que me regañen y lo paso muy mal.

7. La impresión que causas en los demás, ¿te preocupa mucho?

Demasiado, no soporto que se me considere mal.

Si valoro la amistad de esa persona, me sabe muy mal.

La opinión de las demás no me modifica en nada.

8. ¿Te ocupas en averiguar, indagar lo que la gente prefiere de ti?

Muy a pesar de las desilusiones.

Me resulta muy interesante conocerme cada vez más a través de los otros.

Por si alguna respuesta es incómoda, prefiero no preguntar.

9. ¿Crees que puedes lograr todo lo que te propones?

Son posibles algunas cosas que pienso.

No creo que pueda, me cuesta conseguir lo que quiero.

Estoy seguro de que con trabajo, empeño y confianza las logro siempre.

10. ¿Tu trabajo tiene gran valor?
Hago todo lo posible para que tenga un valor.
Muchas veces pienso que no tiene ningún valor.
Estoy muy seguro de que tiene mucho valor.

11. ¿Soy muy tímido/a?
Dependiendo del ámbito puedo ser más o menos tímido/a.
Me relaciono sin problemas, no soy tímido/a.
Me considero especialmente tímido/a.

12. Un nuevo amigo/a descubre rápidamente un defecto tuyo.
Prefiero que los conozca cuanto antes.
Me siento mal y ya la relación no es la misma.
A pesar de lo incómodo no le doy importancia.

13. ¿Te han herido con un comentario o una frase?
Muchas veces he pasado por esa mala sensación.
Nada de lo que puedan decir me habrá herido.
Cuando son personas muy queridas, me hiere cualquier comentario adverso.

14. ¿Te has propuesto cambiar tu carácter? ¿Qué cambiarías?
Creo que muchas cosas.
Alguna cosa.
Nada.

15. En tus desencuentros amorosos, ¿quién ha tenido la culpa?
Ha sido mía.

Por lo general, de la otra persona.

A veces mía, otras veces del otro.

16. En un trabajo importante, ¿necesitas reconocimiento?

Si no saben valorarlo, no merece tanto la pena.

Los juicios de terceros no le quitan ni le suman valor a los trabajos.

El único que puede juzgar el valor de mi trabajo soy yo mismo.

17. ¿Has sentido que nadie te quiere?

Sí, a veces siento que nadie me quiere.

Las personas muy queridas poco valen, los que generan odios y enemigos suelen ser grandes.

Las personas que me rodean me aprecian.

A veces siento que no me comprenden; pero es diferente, sé que me quieren.

No es que lo sienta, sino que es verdad. Nadie me quiere.

18. Si en tu grupo de trabajo o de estudios no tiene en cuenta tus ideas...

Me convenzo de que no son importantes y dejo de ofrecerlas.

Sigo aportando mis ideas e intento que sean cada día más interesantes.

Dejo ese grupo y me voy con otro donde pueda ser el líder o sigo en solitario.

19. ¿A dónde crees que te conduce tu forma de ser?

A una vida regular.

Hacia una mejora permanente.

Al desastre.

El padre de las esencias florales, Edward Bach

Bach llega al mundo el 24 de setiembre de 1886 en Moseley, un pueblo a cinco kilómetros de Birmingham, Inglaterra.

La campiña en la que creció fue determinante para la formación de su carácter y la elección que debía efectuar de adulto. Edward era un enamorado de la naturaleza; cuando sus compañeros de escuela se reunían para jugar él prefería aislarse y pasear por las orillas del río, permaneciendo durante horas contemplando la corriente de sus aguas. Para él, todas las cosas tenían un alma: las plantas, los pájaros, las hierbas, los troncos de los árboles... Todo parecía hablarle en un lenguaje sutil y misterioso, que sólo él podía entender. Se sentía tan próximo a todo lo creado que cualquier ser suscitaba en él una profunda compasión. A los seis años decidió: «Seré médico». Parecía una de aquellas frases que pronuncia cualquier niño; pero para Bach fue algo más que un sueño infantil, ya que fue, en realidad, una decisión que condicionó toda su vida.

Difícilmente se logran directamente las cosas que se desean, pues a menudo se encuentran muchas dificultades. Bach soñaba con una medicina distinta formada por curas sencillas, en lugar de los complicados y a veces falibles métodos de la medicina oficial. De todos modos, su carrera la inició según la tradición más ortodoxa: estudios en la Universidad de Birmingham, y después las prácticas en el Hospital Escuela de la Universidad de Londres, donde se licenció en 1912.

Bach ascendió rápidamente situándose entre los primeros en la práctica hospitalaria que, al menos al principio, pareció interesarle. Pero las desilusiones llegarían a ser mayores que las satisfacciones; con su enorme sensibilidad, Bach no tardó en darse cuenta de que la práctica médica era mecánica y despersonalizada. Sus colegas se concentraban en las enfermedades, en los síntomas, en las curaciones; pero a menudo ni siquiera recordaban el nombre del paciente. Y cuando eso sucedía, no tenían tampoco en cuenta ni la personalidad ni las exigencias emotivas de aquél. Ya por aquel entonces, Bach opinaba que cada ser humano es un en sí un mundo aparte, y que lo que había que curar era al enfermo y no a la enfermedad. Por este motivo, unas medicinas eran eficaces para ciertos pacientes pero inútiles para otros.

Los primeros descubrimientos

Tal vez fue la búsqueda de un nuevo método curativo lo que impulsó a Edward Bach a abandonar la unidad de cirugía del Hospital Escuela de la Universidad al cabo de apenas un año, para pasar a la de inmunología. Bach empezó de esta manera a dedicarse a la investigación bacteriológica. Al principio los resultados fueron alentadores; en efecto, descubrió que en el estómago de algunos enfermos crónicos habitaban unas bacterias particulares, totalmente ausentes o presentes en cantidades mínimas en el estómago de las personas sanas. Con estas bacterias, Bach preparó una vacuna que inyectó a algunos pacientes. Curaron todos y hasta desaparecieron los trastornos más difíciles de eliminar, como los dolores de artrosis y reumatismo. A este descubrimiento siguieron otros, por ejemplo: que no era necesario administrar las vacunas a intervalos regulares sino sólo cuando la dosis inoculada hubiese perdido su efecto. De esta manera, los resultados incluso fueron mejorando sobre el problema de la dosificación y el ritmo a que debían administrarse tales vacunas.

Pero mientras se concentraba en sus descubrimientos, Bach apenas consideraba su propia salud. Ya en 1914, al estallar la Primera Guerra Mundial, fue declarado inútil para el servicio militar a causa de sus malas condiciones físicas. No obstante, se le confió la responsabilidad de las cuatrocientas camas del hospital de la universidad en la que se había licenciado. Esto fue demasiado. En julio de 1917, Edward tuvo que ser operado de urgencia, y el diagnóstico fue atroz: tumor con metástasis.

Le dieron tres meses de vida. Sin embargo, esta postración duró poco porque Bach reaccionó y decidió que si tenía que desaparecer, era preciso que dejase detrás de él el mayor trabajo realizado.

Pasando la mayor parte del tiempo en el laboratorio, sus experimentos lo absorbieron completamente. Y un buen día Bach se dio cuenta de que a pesar de haber transcurrido los tres meses prefijados, seguía con vida. Los médicos que lo asistían no daban crédito a sus ojos: ¡la enfermedad retrocedía!

Así fue cómo Bach comprendió que un gran amor, una pasión, un objetivo en la vida eran factores decisivos ante los cuales incluso la muerte pierde todo poder.

Mucho más tarde, esta intuición tuvo un encuentro en la práctica médica. Todas las flores que había aprendido a usar con fines terapéuticos tenían una característica común: la de restituir energía al cuerpo y la mente. De esta manera, recobraba el paciente la voluntad de vivir y, gracias a esto, lograba curarse. Con respecto a esto Bach dijo: «No existe una verdadera curación sin la paz del alma y sin una sensación de júbilo íntimo».

El encuentro con la homeopatía

Pero aún quedaba mucho camino por recorrer. El estudio de las vacunas iba dando óptimos resultados; pero Bach no se hallaba demasiado satisfecho ya que algunos enfermos no respondían al tratamiento.

Un día leyó casualmente el Órganon *del arte racional de curar* de Samuel Hahnemann, el fundador de la homeopatía, Y quedó aturdido: un siglo antes, el tal Hahnemann había descubierto la relación existente entre las enfermedades crónicas y la toxemia intestinal. Pero a diferencia de Bach, Hahnemann no curaba las enfermedades con los gérmenes sino con hierbas, plantas y musgos. También usaba veneno y metales, aunque en cantidades infinitesimales. Y había, especialmente, un aspecto que tenía mucho en común con la sensibilidad de Bach: tanto éste como Hahnemann opinaban que era necesario tratar al paciente y no a la enfermedad.

Bach se entusiasmó: si lograba combinar el descubrimiento de Hahnemann con los propios, los beneficios serían inmensos. Gracias a la homeopatía, Bach consiguió preparar nuevas vacunas para las que no era ya necesario administrar por vía sanguínea sino oralmente. Estas vacunas, llamadas nosodes, resolvieron con éxito centenares de casos de enfermedades crónicas.

Pero un verdadero investigador nunca está satisfecho. Bach dividió a las bacterias responsables de las enfermedades crónicas en siete grupos y empezó a analizar las características comunes de las personas que necesitaban la misma vacuna. De ahí derivaron siete tipos psicológicos, siete perfiles humanos distintos.

De esta manera, Bach inició los interrogantes de si a cada enfermedad correspondía un determinado estado de ánimo; uno de los siete tipos psicológicos que había individualizado. Era una idea revolucionaria, pero Edward Bach aún se formuló otra pregunta: ¿Y si fuese al revés? ¿Si fuese el estado de ánimo el que provoca la enfermedad?

Por el momento era una hipótesis fantástica. Bach se la guardó para sí pero continuó trabajando en ella, mientras el mundo de la medicina, aunque sin gran entusiasmo, concedía cierto interés a sus vacunas. «Los siete nosodes de Bach», como los llamaron, se utilizaron en Inglaterra, Norteamérica y Alemania, y no sólo en la medicina homeopática sino también en la alopática.

Los años siguientes fueron ricos en descubrimientos. Bach decidió profundizar en sus estudios, sobre todo en el aspecto psicológico de las enfermedades, y abandonó el hospital de la universidad, prosiguiendo sus trabajos en el Hospital Homeopático de Londres.

Los estados de ánimo

El genio de Bach ya empezaba a ser reconocido. Había inaugurado un laboratorio en Park Crescent, donde trabajaba muchísimo, siempre realizando nuevos experimentos. No dejaba nada por intentar; buscó la causa de las enfermedades en las bacterias, en la alimentación, en las actitudes psicológicas de los pacientes. Pero interiormente sabía ya la respuesta que más tarde le confirmaría la experiencia: en la base de toda enfermedad hay un estado de ánimo negativo. Partiendo, pues, del estado de ánimo; es preciso curar al paciente.

Respecto a las vacunas, Bach no estaba demasiado satisfecho: curaban efectivamente a muchas personas pero a otras no. Y en algunos casos se reproducía la enfermedad. Entonces, buscó nuevos remedios entre las plantas y las hierbas de la naturaleza. ¡Debía de haber algo para los que no reaccionaban satisfactoriamente a los nosodes! Así descubrió que algunas plantas aportaban los mismos beneficios de las bacterias, y con la esperanza de hacerlas más eficaces, empezó a reelaborar las vacunas, reemplazando los siete grupos de bacterias por otras tantas plantas. Todos sus momentos libres los pasaba en el campo en busca de aquellas. Mientras tanto, había iniciado un estudio metódico del ánimo humano; Bach anotaba de cada paciente el estado de ánimo, las reacciones a la enfermedad, las costumbres, y los diversos cambios.

Los primeros experimentos con flores

De este modo, con los remedios que tenía a su disposición, empezó a curar también los estados de ánimo. Los resultados fueron alentadores porque comprendió que, como había sucedido ya unos años antes, mejorando el estado de ánimo de un paciente se favorecía su curación.

Un día de setiembre de 1928, obedeciendo a un impulso, Bach se desplazó de improviso a Gales, y reanudó sus largos viajes por la campiña de sus antepasados. Entre otras, cogió dos flores: el mímulo amarillo y la impaciencia, con las cuales preparó nosodes según el mismo método que había utilizado cuando usó las bacterias. La misma intuición que lo había guiado cuando eligió las dos flores también lo guió en la prescripción. Para decidir a qué pacientes debía administrar esos remedios, Bach se dejó llevar por la semejanza entre las flores y los individuos. De esta manera administró el mímulo, flor de aspecto tímida y asustadiza, a un paciente que padecía de pequeños temores. Y la impaciencia, una flor de gran nerviosidad que proyecta sus semillas a varios metros de distancia, la aplicó a un individuo de modales más bien rudos y ásperos. Los resultados fueron inmediatos. Muy satisfecho, Bach empezó a curar a sus pacientes con ambas flores, a las que añadió una tercera: la clemátide. Pero la nueva terapia sólo resultaba eficaz con aquellos pacientes que poseían unas características comunes a las flores que les curaba.

Bach, entonces, decidió dedicarse por completo a la búsqueda de otras flores que tuvieran la misma eficacia terapéutica que las que ya había encontrado. Estaba totalmente convencido de poder sustituir todo lo que obtenía de las bacterias por esencias simples extraídas de las flores.

A los cuarenta y tres años inició así una nueva vida. Se estableció en un poblado de Gales y volvió a dar largas caminatas por los prados y los bosques, siempre en busca de las flores que podían serle de utilidad. Metódicamente, se sentaba durante horas al lado de una planta y la observaba hasta que conocía todas sus características. Algo le decía que las flores anheladas eran las más sencillas y modestas.

La fitoterapia, no era ninguna novedad, pues desde siglos atrás se curaban los seres humanos con hierbas (Paracelso 1493-1541, el padre de la fitoterapia). Pero Bach estaba convencido de que las flores eran mucho más eficaces que las hierbas, ya que contienen toda la energía de la planta de la que brotan. Sospechaba, además, que algunas flores no se limitaban a intervenir en el funcionamiento de un órgano o sobre el órgano enfermo; sino que trabajaban a un nivel más sutil y profundo, cambiando el estado psicológico negativo de la persona, o sea el terreno sobre el cual se implantaba la enfermedad.

Los primeros doce curadores

A finales de los años 30, Bach ya había descubierto nuevas flores e identificado doce estados de ánimo negativos fundamentales que era necesario reequilibrar. Esos doce estados de ánimo eran:

❀ Miedo
❀ Terror
❀ Tormento mental

❀Indecisión
❀Indiferencia o aburrimiento
❀Duda o desaliento
❀Intromisión
❀Debilidad
❀Desconfianza en uno mismo
❀Impaciencia
❀Excesivo entusiasmo
❀Soledad

Faltaban tres flores para curar todos los estados de ánimo individualizados por Bach, y las descubrió entre los años 1931-32. Ahora ya tenía a su disposición doce remedios base, esenciales para la curación de otros tantos estados de ánimo a los que denominó: los doce curadores. Eran los siguientes:

❀Heliantemo para combatir el terror
❀Mímulo para el temor o miedo
❀Ceratostigma para las dudas sobre uno mismo
❀Scleranthus para la indecisión
❀Genciana para el desaliento
❀Centaura para la debilidad o flaqueza
❀Violeta de agua para la soledad
❀Impaciencia para la impaciencia
❀Agrimonia para los tormentos mentales
❀Achicoria para la intromisión
❀Verbena para el entusiasmo excesivo
❀Clemátide para la indiferencia

Divulgación de los remedios

A partir de entonces, Bach empezó no sólo a curar; sino a divulgar los resultados positivos obtenidos con su nueva terapia. Entre los años 1929-1934, aparte de los artículos para los adeptos a sus trabajos, escribió dos pequeñas obras que obtuvieron un éxito resonante e inmediato: *Heal Thyself* (Cúrese usted mismo) y *The Twelve Healers and Other Remedies* (Los doce curadores y otros remedios), cuyo contenido ya había anticipado en parte en otro volumen: *Free Thyself*.

Por eso, Bach comprendió que las emociones negativas pueden presentar varios matices: existe el miedo a alguna cosa precisa, y el miedo vago e inexplicable que se aferra a la garganta y hiela el corazón; existe la soledad orgullosa y la que sufre el que se halla preso de sí mismo y no logra trabar contacto con otro ser; existe el sufrimiento camuflado de un aspecto alegre, y otro más claro, más abierto, que resulta a veces todo un espectáculo para los demás.

Bach empezó a buscar otras flores que curasen todas las variaciones y matices de los estados de ánimo. Encontró otros cuatro remedios a los que llamó «los cuatro ayudantes», y más tarde otros diecinueve. En 1935, tenía treinta y ocho remedios.

Por fin se había completado la terapia de las flores. Bach había dedicado a esta labor siete años, los últimos de su vida.

El 27 de noviembre de 1936 se acostó y falleció mientras dormía. Tenía cincuenta años. Había dejado un legado histórico para el bien de la humanidad de hoy y de todos los tiempos. Su obra permanecerá perenne por siempre.

Reconoce estos calificativos en tu vida

Piensa cuáles de estos calificativos has sentido, vivenciado, y trata de recordar en qué momento los has notado.

AMOROSA COMPRENSIÓN

Cuando entramos en antagonismo con personas, grupos, o cualquier otra relación de compartir o de convivencia; si hacemos o hacen uso de la maldad, del odio, del rencor, de la censura, de los prejuicios, cuando se hiere por medio de la acción o de la palabra, cuando se utiliza el menosprecio y se condena, cuando no podemos actuar desde el ejemplo de amor y fraternidad; es porque aún no hemos llegado al grado de sentir en lo profundo de nuestro ser, la comprensión amorosa o la amorosa comprensión.

El humanista y psiquiatra Roberto Assagioli dijo: «Los efectos de la comprensión amorosa son inmensamente benéficos, pues es directamente creadora».

Keyserling sostiene: **«Nada hiere más que la incomprensión, porque significa negar nuestra identidad».**

Hay padres que aman entrañablemente a sus hijos, trabajan afanosamente por ellos y para ellos. Realizan los más nobles y grandes sacrificios; y aún con todo eso, no llegan a comprender lo que piensan esos seres amados, ni cuáles son sus necesidades vitales y verdaderas.

Las facultades humanas que debemos utilizar y desarrollar para alcanzar la comprensión son, ante todo, la mente en su aspecto superior dirigida hacia el ser. Ella puede percibir su luz y ver a cada uno y a todas las cosas en esa luz. El empleo adecuado de la imaginación puede ayudar en esto. Entonces podemos poner en juego las facultades superiores de la intuición y de la identificación espiritual consciente. Esta última es muy diferente a la identificación pasiva, emocional y ciega; que a menudo se verifica entre las personalidades. La diferencia consiste, principalmente, en el hecho de que la identificación espiritual está libre de absorción y apego, afluye, pero no es restrictiva ni limitadora.

Los efectos de la comprensión amorosa son inmensamente benéficos, pues es directamente creadora. Como rayo de sol vital y cálido, fomenta el crecimiento y la expansión de esas vidas humanas, hacia las cuales se dirigen y las compenetra con su sutil y poderosa influencia evocando directamente al ser interno, el alma.

El individuo que se siente comprendido en tal forma, se abre y florece, y hasta se transforma casi mágicamente. Desaparecen las actitudes restringidas, tensas y defensivas. Lo mejor que hay en él aflora natural y fácilmente a la superficie, y al mismo tiempo se da cuenta de sus posibilidades insospechadas y de la pequeñez y falsedad de sus pretensiones comunes.

Este inmenso poder de la buena, innata y amorosa comprensión, debería despertar en nosotros la fuerte determinación de lograrlo. Para alcanzar esta realización, tenemos, ante todo, que cultivar directamente esa cualidad y, luego, eliminar los obstáculos que impiden o dificultan su desarrollo.

Por lo tanto, debemos esforzarnos en desarrollar por un lado amor y visión interna, y por otro desinterés, olvido de nosotros mismos y desapego emocional. En esta forma quizás logremos realizar el propósito principal de nuestra evolución, un inteligente amor sin apegos que nos proporciona liberación.

LA ALEGRÍA, (DESCARTES)

La alegría es una emoción agradable del alma. Consiste en el goce que ésta siente del bien que las impresiones del cerebro le representan como suyo. Digo que en esta emoción consiste el goce del bien; pues, en efecto, el alma no recibe ningún otro fruto de todos los bienes que posee; y mientras no siente ninguna alegría de poseerlos, puede decirse que no goza de ellos más que si no los poseyera. Añado que de este bien que las impresiones del cerebro le representan como suyo, a fin de no confundir este gozo, que es una pasión, con el gozo puramente intelectual, que se produce en el alma por la única emoción agradable producida en ella misma, en la cual consiste el goce que el alma siente del bien que su entendimiento le presenta como suyo. Verdad es que, mientras el alma está unida al cuerpo, este gozo intelectual no puede casi nunca dejar de ir acompañado del que es una pasión. Pues tan pronto como nuestro entendimiento advierte que poseemos algún bien, aunque este bien pueda ser tan diferente de todo lo que pertenece al cuerpo que no sea en absoluto imaginable, la imaginación no deja de producir inmediatamente alguna impresión en el cerebro, de la cual resulta el movimiento de los espíritus que suscita la pasión de la alegría.

BUENA VISIÓN

Confiar en nuestras capacidades y potencialidades, tanto en el plano de la energía mental, física, como emocional. Sentir que somos libres, autónomos en todos los sentidos, que no estamos condicionados por terceros, que creemos en nosotros mismos, que no dependemos de otros, que no nos dejamos influenciar, que no permitimos que nos manejen con ideas que no compartimos, ideas que no sentimos; aunque apliquemos un criterio amplio. Saber y estar seguros de lo que valemos, y de que tampoco necesitamos que otros nos valúen o valoricen; todo esto hace que tengamos una buena visión de nuestra vida, de nuestro modo de vida, de las circunstancias que hacen al día a día de nuestro recorrido por el camino de la vida.

Poder vernos en el plano material, logrando los propósitos que hemos establecido como metas. Ver que crecemos día a día en el terreno de lo espiritual, lo que hacemos por los demás, en cada momento, en cada situación, siempre. Porque de eso se trata la vida, de dejar huella, de sembrar para los que vienen detrás, ser colaboradores de la providencia divina. Coger de ella y también saber repartir, «cuanto más das, más recibes».

En la medida en que yo confíe en mí, todo se me dará por añadidura. No debo temer ni al éxito, ni al fracaso. Serán situaciones pasajeras tanto una como la otra, porque al final «todo pasa», nada es permanente; eterno movimiento, eterno cambio, todo fluye, todo cambia constantemente. Aunque para ello tengo que estar seguro, para estar tranquilo, y tranquilo para estar seguro, mantenerme inafectado. La felicidad, como la alegría está dentro de mí, sólo se activa cuando la asocio con lo que veo afuera, con lo que siento de lo que elijo, de lo que cojo. Tengo que saber elegir, saber tomar lo que sirve, lo que vale, lo que me hace bien, y nada más.

SALUD

La **salud** (del latín *salus, -ūtis*) es un estado de bienestar o de equilibrio que puede ser visto a nivel subjetivo —un ser humano asume como aceptable el estado general en el que se encuentra— o a nivel objetivo —se constata la ausencia de enfermedades o de factores dañinos en el sujeto en cuestión—. El término salud se contrapone al de enfermedad, y es objeto de especial atención por parte de la medicina.

La salud sería un estado de completo bienestar físico, mental y social, y no solamente la ausencia de enfermedad o dolencia, según la definición presentada por la Organización Mundial de la Salud (OMS), en su constitución aprobada en 1948.

Este concepto se amplía a: «la salud es un estado de completo bienestar físico, mental y social, y no solamente la ausencia de afecciones o enfermedades». En la salud, como en la enfermedad, existen diversos grados de afectación y no debería ser tratada como una variable dicotómica. Así, se reformularía de la siguiente manera: «La salud es un estado de bienestar físico, mental y social, con capacidad de funcionamiento; y no sólo la ausencia de afecciones o enfermedades». También puede definirse como el nivel de eficacia funcional o metabólica de un organismo tanto a nivel micro (celular) como a nivel macro (social). En 1992, un investigador amplió la definición de la OMS al agregar: «y en armonía con el medio ambiente».

Dentro del contexto de la promoción de la salud, la salud ha sido considerada no como un estado abstracto sino como un medio para llegar a un fin, como un recurso que permite a las personas llevar una vida individual, social y económicamente productiva. La salud es un recurso para la vida diaria, no el objetivo de la vida. Se trata de un concepto positivo que acentúa los recursos sociales y personales, así como las aptitudes físicas.

La salud es un valor de los más apreciados por el ser humano inteligente.

Repasando más calificativos

Repasa estos adjetivos y piensa cuántas veces sientes que has vivido esa sensación:

ALEGRE

FELIZ

RISUEÑO

RADIANTE

ALBOROZADO

JUBILOSO

SATISFECHO

CONFORME

UFANO

COMPLACIDO

DICHOSO

GOZOSO

JOVIAL

SONRIENTE

DIVERTIDO

ANIMADO

LUMINOSO

VIVO

BRILLANTE

PRÓSPERO

VENTUROSO

BIENAVENTURADO

AFORTUNADO

ACERTADO

ATINADO

AGRADABLE

GRATO

PLACENTERO

DELEITABLE

CENTELLANTE

RESPLANDECIENTE

RELUCIENTE

FULGURANTE

EXULTANTE

REGOCIJADO

EUFÓRICO

SACIADO

ENTUSIASMADO

LLENO

PLENO

¿Agregarías más?... muy bien, puedes hacerlo. Recuerda que deben ser de sensaciones que tú hayas vivido, experimentado o sientas a diario. Eso sería genial, eres un afortunado/a, de sentirte tan vivo, de vivir intensamente la vida.

El placer de sentir placer

Recuerda lo que hace un bebé, que es decir, lo que hacías cuando eras un bebé; vivías intensamente el placer, sentías el placer, no buscabas, lo encontrabas, experimentabas desde las sensaciones el goce, todo lo que te otorgaba la sensación de agradable, de placer puro, de placer intenso, en lo físico, por estar siempre agudo con lo sensorial, con lo corpuscular, con el tacto, con toda tu piel... Un bebé pone cara de éxtasis cuando está evacuando su intestino grueso, vaciando el colon; cuando está descargando su vejiga en el pañal, o sin él; cuando lo bañan, cuando lo entalcan; cuando lo aceitan y le dan un masaje, cuando lo acarician, cuando lo amamantan, cuando lo duermen, cuando lo acarician, etc...

Y cuando se pierde eso, que no debe perderse; el placer se esfuma, desaparece... ¿En qué momento?... Después vienen las responsabilidades, los deberes, las obligaciones y los derechos quien te los roba...

Amor

Es la esencia de la vida, lo que nos mueve, lo que marca el camino que debiéramos seguir. Es capaz de curarnos, de darnos alegría y seguridad a nosotros mismos. El amor bien comprendido mueve montañas y derrumba los muros de los corazones heridos. El amor da compasión, ayuda a empatizar con los demás. El amor más importante es el que nos damos a nosotros mismos. Gracias a él, el ser humano logra ser él mismo; y no lo que los demás quieren que sea. Aprende a poner límites a los demás, dándose el espacio que necesita. Gracias al amor que podemos darnos a nosotros mismos aprendemos mucho sobre nosotros. El amor nos permite conocernos más y mejor, nos ayuda en la auto-aceptación; y por tanto también nos ayuda en la tolerancia con los demás, de la comprensión del dolor. Con amor es mucho más fácil vivir una vida con dignidad, sin juicios ni críticas. El amor que existe en las relaciones entre las personas. Suele estar teñido de un egoísmo particular, ya que en muchas ocasiones ni la persona se da cuenta. Siempre se está esperando más y mejor, por tanto nunca se disfruta de lo que la vida nos ofrece a cada instante, si es bueno tememos perderlo y si no, vivimos anhelando a que llegue. En definitiva, cuesta disfrutar en la vida. Las personas deberíamos comprender que amar no es poseer, que poseer es teñir el amor de miedo. Debemos mirar nuestro corazón, y escuchar sus sabias palabras.

Compasión

La compasión nace desde el amor a uno mismo, desde el auto-conocimiento más profundo. Nace de las vivencias propias en la vida llevadas a la máxima expresión de la comprensión; como el dolor vivido por uno mismo, como experiencia para crecer interiormente, no llevado al drama, sino, un dolor que nos hace conscientes de que algo no está sucediendo como nosotros quisié-ramos. El dolor vivido en primera persona te ayuda a comprender el dolor de los demás, nos lleva a la compasión, a la comprensión del ser.

Con un conocimiento interno nace esta compasión hacia todos los seres, basada en la comprensión del dolor humano, inevitable a veces, ya que las personas tendemos a arrastrar estas situacio-nes. Teñimos nuestra vida de dolor y por ello hacen falta seres que comprendan y sientan la compasión necesaria para poder entregar sólo amor.

Compasión no es pena, ese trata de desear que las personas sufran lo menos posible. Hay dolor en la vida inevitablemente porque todo lo basamos en el apego, en la ignorancia.

Ayuda también no hacer a los demás lo que a mí no me gusta que me hagan.

Compasión es amor, comprensión, respeto, valor, confianza. No es juicio, crítica, duda, desconfianza o miedo.

Paz

La paz es estar libres de emociones internas que nos dañen la vida. Logramos la paz a través de sentimientos hermosos hacia uno mismo y hacia toda la humanidad. Lo más importante para estar en paz es tener una estabilidad interna, comprender inteligentemente las emociones y tener un entorno favorable para que todo ello ocurra.

Lograr un estado de paz es posible resolviendo conflictos, sanando relaciones personales, evitando en nuestra vida todo lo que nos provoque dolor, lo que no nos permita ser nosotros mismos. Evitar lo que nos daña y caminar únicamente hacia un lugar confortable. Ser honesto conmigo mismo, leal a mí mismo me lleva a la paz absoluta; ya que todo lo que hago en la vida no me provoca disconformidad o malestar.

La paz se logra con la atención puesta en el presente, constante, poniendo la atención en todo lo que haces. No enganchándote a los sentimientos o pensamientos que inevitablemente te arrastran al dolor, a la duda y al sufrimiento. Ahí nos es difícil sentir paz. Lograr un estado de no afectación por todo lo que sucede en la vida, viviendo atentos al presente, eso es una delicia. Sólo respira hondo, respira paz.

Inquebrantablilidad

La inquebrantabilidad es aquello que nada puede romperlo, nada puede traspasarlo. Se trata de un estado en el que nada puede lastimarte, tienes la fuerza o el valor para que no te afecte o te traspase lo que te dejaría paralizada durante un tiempo. Es un estado que te permite vencer las dificultades o superar cualquier estado que provoque un obstáculo para seguir avanzando en la vida.

Uno siente que puede con todo, porque está seguro de sí mismo, siente confianza plena, está lleno de amor, de certezas y de una visión de la vida diferente a la mayoría.

Amabilidad

Es comprensión, es empatía, es amor. La amabilidad te lleva a un estado de alegría suprema, es la consecuencia de un estado interior estable. Mirar a todos los seres humanos desde un sentimiento hermoso, sabiendo que todos formamos parte de un mismo universo, mirar sin dolor, sin rabia, sin celos o envidia. No hay rencor, no hay miedo. No deseas nada de los demás porque no tiene sentido, no nos pertenece. Al mismo tiempo estamos agradecidos por lo que tenemos, aceptamos nuestra vida tal y como es, queriendo simplemente ser mejor persona día a día.

Ser amable es complacer y complacerte, es ser amoroso y comprensivo. Estamos atentos a los demás, se trata de tender una mano de forma desinteresada. Es regalar una sonrisa a quien parece que menos lo merece; pues seguro que es quien más lo necesita. Es discernir entre el quedar bien y el querer ayudar de corazón.

Debemos ser amables con nosotros mismos ante todo, permitir nuestros errores sin auto castigarnos. Por ello es algo que nos debemos a nosotros mismos, esto nos transforma la vida en más sencilla. Nos ayuda a vivir en armonía con todos los seres, también conmigo.

Fuerza interior

Tener fuerza interior es gozar de un gran conocimiento sobre uno mismo. Es saber lo que nos daña, lo que nos hace bien. Es conocer lo que nos gusta y lo que no. La forma también el conocimiento de nuestras limitaciones o de nuestro conocimiento. Es la comprensión de que no somos perfectos; pero cada día vivimos para ser mejor persona. Se trata de vivir con honestidad una vida que nos han regalado para crecer, para evolucionar, para ganar en una maduración interior.

Es estar seguro de nosotros mismos, aceptarnos tal y como somos, no esperar más de lo que podemos lograr. No vivir para nadie, vivir para uno mismo. No hacer nada por los demás sin antes hacerlo por uno mismo. A veces vivimos quedando bien con el mundo y al mismo tiempo quedamos mal con nosotros mismos.

La fuerza interior está, todos la tenemos. Sólo toca responsabilizarse cada uno de su vida y poco a poco sale a la luz: pero mientras dependamos emocionalmente de los demás, o tengamos cualquier otra dependencia en cualquiera de nuestras relaciones, estará mermando nuestra capacidad de llegar a nuestra fuerza interior.

Comprensión

La propia experiencia de vida te ayuda a ser más comprensivo con todo el mundo. El haber vivido determinadas circunstancias o experiencias ayuda enormemente a comprender a los demás.

Se encuentra una justificación a los actos o sentimientos de los demás, haciéndole ver que es algo natural dentro de esta experiencia de vida. Para todo puede haber un motivo que nos arrastre al error o a la equivocación.

La vida se basa en experiencias que nos hacen crecer interiormente, y que deberían aportarnos amor y comprensión.

Comprender, entender, apoyar a los demás... sólo podremos hacerlo si previamente lo hemos hecho con nosotros mismos. Amar es comprender.

Tolerancia

Practicar la tolerancia es un acto de amor, comprensión y respeto. Cada ser tiene sus propias ideas, su propia forma de hacer las cosas; lo que significa que muy probablemente sea diferente o contrario a como nosotros lo haríamos.

El respeto se logra a través de una actitud tolerante, no tratando de imponer el propio criterio para lograr que los demás hagan las cosas como nosotros quisiéramos. Cada uno tiene la libertad de hacer lo que siente o lo que piensa, siendo honesto con uno mismo.

Es importante en la vida no tratar de manipular a las personas, no querer tener todo bajo control ya que así sólo sufrimos. Cada uno es dueño de su vida, cada persona tiene el derecho a equivocarse y aprender de los errores. No sirve decir «ya te lo advertí». Hay personas que aprenden a través del error, nosotros debemos estar ahí apoyándolos, no incordiándolos.

Hay que dejar ser a las personas lo que son y no pretender que sean lo que nosotros queremos.

Sabiduría

Es inevitable decir que la sabiduría también nace del amor y la comprensión. No se trata del saber intelectual, que es fácil de lograr si uno estudia o dedica el tiempo necesario para el aprendizaje en cualquier materia que elija en la vida. Se trata más bien de una conexión interna, de un encuentro con uno mismo, de la certeza, de la intuición, del no-dudar.

Si no hay duda, hay saber. Si hay atención constante, sólo puede haber certeza; y si hay certeza, entonces hay sabiduría.

El saber te da tranquilidad. Si sanamos nuestras emociones dejamos paso libre para interiorizar, para ir dentro de nosotros mismos, para conectarnos con nuestro ser interno. Para ello no deben distraernos pensamientos ni sentimientos que nos arrastran al dolor o a la duda.

Debemos dedicar más tiempo a ello, a mirar en nuestro interior, dedicar también nuestra energía a la incorporación de la información que nos hace crecer interiormente.

Perdón

El perdón aparece a través de la comprensión, de la aceptación y del amor al prójimo, también del amor a uno mismo. Si logramos perdonarnos a nosotros mismos nuestros errores, lograremos estar en paz y armonía con lo que uno piensa y siente. Es importante aceptar nuestros errores como paso previo y trasladar esto a experiencias que la propia vida nos pone para crecer, para evolucionar espiritualmente.

El camino que elijamos en la vida debe servirnos para vivir con la conciencia en lo que nos toca experimentar en cada momento. No debemos arrastrar emociones pasadas, sentimientos que a pesar de que nos dañaron en su momento, hoy apenas tienen valor en nuestro presente. Si arrastramos dolor y sufrimiento nos perdemos la vida que hoy nos ocupa, nos perdemos nuestro presente, el día a día, incluso momentos irrepetibles.

Es mejor liberarse internamente, solucionar lo que nos limita en la vida, lo que no nos deja ser nosotros mismos. A veces estas cosas dependen de nosotros, en otras ocasiones no. Vive en paz contigo.

Coraje, valentía

El coraje y la valentía aparecen de la autoconfianza, de la seguridad en uno mismo. Es posible ser valiente, no dudar, y vivir con la certeza de saberse merecedor de todo lo bueno que a uno le ocurra.

Ser valiente es actuar, es vivir, es amar, es mostrarse tal y como es. Es no quedarse quieto ante la acción que debemos realizar, es atreverse a decir lo que piensas y lo que sientes, que debiera ser igual. Es atreverse a hacer lo que piensas, sientes o dices... es vivir en concordancia, es vivir con coherencia una vida llena de energía positiva.

Es una actitud ante la vida, no apagarse, es hacer las cosas porque hay que hacerlas; no dejar de hacerlas porque no me apetezca. La vida es seguir adelante, es no detenerse más que a descansar, para seguir con libertad, para seguir con armonía, seguridad y confianza.

Vivir con alegría es vivir con valentía.

Felicidad

La felicidad es no engancharse al dolor. La felicidad es caminar erguida, es levantarse cada vez que caemos, es poder mirar a las personas a la cara sin tener nada que ocultar, es dormir con la conciencia tranquila, sabiendo que hacemos lo que debemos hacer; aunque no siempre sea lo que más nos gusta.

La felicidad es el camino; no es el fin. Es cómo vivimos, cómo disfrutamos; es sacarle partido a cada situación, a cada instante.

Es saber darle la importancia justa a nuestros problemas, es tener una actitud correcta ante cualquier dificultad.

La felicidad se asienta en el corazón cuando nuestra vida se muestra amable y compasiva. Cuando nuestro entorno vive en armonía, lo que supone que nosotros vivimos en armonía y plenitud.

Todo lo que hasta ahora se ha expuesto a través de estas definiciones se logra gracias a un conocimiento intenso de sí mismo, se logra mirando más al interior; y no basando nuestra vida tanto en lo externo, que es muy inestable, que cambia constantemente, y que por tanto nos lleva a dolor y al sufrimiento.

Amor y compasión van unidos para lograr fuerza interior, que te hace inquebrantable y te lleva de la mano hacia la paz contigo mismo y con el mundo; lo que ayuda enormemente a ser amable con todo ser viviente.

Una cosa te lleva a la otra de forma inteligente. Te lleva a la alegría infinita.

Observa cómo te comunicas con los demás

¿Crees que te comunicas bien con las personas?

¿Oyes con atención y escuchas concentradamente?

¿Estás seguro de que escuchas a otros?

¿Respetas los tiempos del otro o lo interrumpes para opinar?

¿Crees que siempre debes opinar? ¿No bastaría con escuchar?

¿Crees que siempre tienes la valentía de usar la libertad al comunicar tus cosas con los amigos?

La eficacia en la comunicación está de acuerdo con la seguridad y el respeto que tú tengas, ¿lo crees así?

La autovaloración depende de la confianza en ti mismo y del respeto que te tengas a ti mismo, ¿lo entiendes así?

Tú has elaborado una forma, un modelo de comportamiento de acuerdo al discernimiento que has aplicado desde niño en la combinación de la sutil observación entre los mensajes propios del niño sabio, los adultos y los padres (grabados subliminarmente desde el súper yo). Y ahora te encuentras con otras formas de pensar y actuar que seguramente no coinciden con tu modelo propio, original, genuino, personal, individual, muy tuyo. Entonces tienes que adaptarlo, y ahí es donde se genera la diferencia que te hace dudar.

Y esa duda te desestabiliza por falta de confianza y de respeto a ti mismo. Entonces optas por transigir, luego te sientes mal.

Debes proponer tus ideas, tus convicciones, porque las ideas no se matan, en todo caso se combaten.

¿Qué necesitarías para exteriorizar de forma instantánea lo que verdaderamente sientes y piensas?

Si no eres auténtico en la comunicación, si no dices lo que sientes, lo que piensas, lo que quieres que los otros sepan de ti; nunca te conocerán. Serás siempre un desconocido.

Si no eres auténtico, fiel a tus convicciones, a tus anhelos, a tus deseos; te expones a la manipulación de otras personas, que verá en ti partes vulnerables, volubles, y aprovecharán para inculcar sus ideas, sus deseos, sus debilidades, sus apetencias en ti. Esta circunstancia tú la permitirás por falta de confianza y respeto a ti mismo.

El mensaje que transmites, por carecer de claridad, hace que estés en el común denominador del texto estereotipado del resto del mundo; y eso termina pesando mucho porque se contrapone con lo que siente tu mundo interior.

Deja de anular a tu verdadero ser —al interno, al interior, con sus anhelos, con los derroteros que le asignó la naturaleza—, sé tú mismo, no dejes que los demás condiciones tu vida y modelen tu espíritu. Tú eres único en el universo, nadie te puede decir cómo sentir, cómo pensar o cómo actuar. Estás aprendiendo a vivir, eres un ser humano haciendo su camino en la vida.

Esencias florales

Acebo (*holly*), amor

Aquí vemos bien claro la falta de confianza, y por lo mismo, un bajo nivel de autoestima. La persona está atrapada en un sentimiento ambiguo de amor-odio que le provoca celos, envidia, sospecha, sed de venganza y sufre mucho por ello.

Sabemos muy bien que el sentimiento más tirano es el miedo, porque se siente celos cuando se tiene poca seguridad de estar entregado por entero a la otra persona, y el saberlo, nos pone en esa sensación de inseguridad.

Sabemos que estamos arriesgando el amor de esa persona, porque si alguien le da más que nosotros, puede que la haga dudar. Y eso ya nos da mucho miedo por una culpa exclusivamente nuestra, por culpa de no dar todo y por entero. Con el sentimiento de envidia sucede lo mismo, porque si tengo miedo de no lograr lo que logran otros en las relaciones amorosas por falta de autoafirmación, o de autoestima; tendré envidia.

Aunque si me doy por entero y sé que la persona a la que amo está plena, no tengo porque envidiar las relaciones de las demás parejas; porque yo tendré mi propio paraíso, y eso será más que suficiente. Por ende me dará mucha seguridad, en vez de miedo o envidia.

Si yo soy noble, auténtico, sincero, transparente; no tendré más sentimientos de sospecha, porque lo que hacemos es transferir sentimientos propios en comportamientos inimaginarios en el otro.

El que yerra, cree que todos yerran.

Achicoria (*chicory*), desapego emocional

Cuando poseemos un buen nivel de autoestima tenemos una predisposición natural a la desposesión, o ayuda a los demás sin imponer, sin manipular, aceptando a los otros tal y como son, respetándolos, sin hacer ninguna crítica, ningún juicio sobre el accionar de los demás. En cambio, si mi autoestima es baja, débil, mi sentimiento-pensamiento va a estar siempre intentando adueñarme de las personas. Seré absorbente, posesivo y manipulador por el hecho de creer, erróneamente, que así me siento seguro.

Sin embargo, es un error muy grande conducirme así; porque es algo ficticio que no me deja una buena sensación en mi interior, y además hace que las personas al final se cansen, se agobien con mi manipulación, con mi absorción.

Sentirán que no respeto sus ideas, sus espacios, su libertad. Motivos suficientes para que busquen evitarme. En muchos casos lo solemos hacer con nuestros hijos. Me refiero a los padres que controlan cada movimiento de sus hijos y les dicen de forma permanente, qué tienen que hacer y cómo lo tienen que hacer cuando ya tienen edad para tomar sus propias decisiones. Necesitan llevar el completo control de la vida de estos.

La falta de autoestima los lleva a formar una falsa estima exagerada. La sufren los padres que dicen constantemente: «yo sé», «ya lo sé», «a mí me lo dices que soy el mejor en...». Presentan una autosuficiencia inventada para poder sustentar la falta de autoaprobación, mostrar lo opuesto a lo que siente en la profundidad de su ser.

Se puede amar sin manipular, sin chantajear;
amor puro, amor sano...

Agrimonio (*agrimony*), autenticidad

Por lo general sentimos mucha ansiedad, y hay una tendencia alta a evadirnos con drogas. Vivimos con opresión, con dolor en el pecho. Todo por no darnos la oportunidad de expresar las emociones con sinceridad. Escondemos todo detrás de una sonrisa que es inventada, una máscara, una forma de engañar para que nadie descubra nuestro verdadero ser, nuestra verdadera forma de sentir, de pensar. Muchas veces nos agobiamos con la presión de sentir una cosa y mostrar otra, y así muchos llegan a sentir la necesidad de una evasión permanente, o sea, la idea de llegar al suicidio.

Esa actuación conlleva un desgaste muy grande de energía, que a veces supera las nuestras. Con lo fácil que sería mostrarme tal cual soy, sin tener en cuenta el prejuicio de las otras personas, sin darle tanta importancia a la forma de observación de los demás, sin temor a la desaprobación, sin dudar si lo que hago está bien o está mal. Soy un ser humano que está vivo aprendiendo día a día a vivir a convivir conmigo; descubriendo que no tiene sentido sonreír, cuando se tiene ganas de llorar, que es tan válida una emoción como la otra, que son todas partes de mí.

Mostrar, mostrarme y demostrarme que soy un ser humano sensible con total derecho a todo; a ser, a manifestarme como soy. Sin más, sin menos; pero al natural, sin máscaras, sin maquillaje, con la sonrisa sólo cuando la siento, intentando sentirla siempre.

Soy lo que soy, natural, y me acepto.

Agua de roca (*rock water*), tolerancia con uno mismo

Se trata de un estado interno, una actitud necesaria cuando somos severos, demasiado exigentes con uno mismo. Aquellos que hemos elegido ser un modelo para los demás, ser un ejemplo; debemos saber que hacer de ejemplo es perder la libertad, es hacerse preso de esa responsabilidad. Eso provocará que no nos permitamos disfrutar de lo que me rodea; porque estaremos siempre pendientes de lo que hacemos, cómo lo hacemos, y hasta nos regañaremos o nos castigaremos cuando no lo hayamos hecho con el suficiente perfeccionamiento. Seremos auténticos perfeccionistas, practicaremos la autorregresión.

Lo podemos ver en la actitud de los líderes políticos, religiosos, de dogmas, de sectas, etc. Viven presos de sus actitudes porque siempre tienen que reforzar las expectativas de sus seguidores. Muchas veces lo hacemos a escala más pequeña, con nuestros empleados, nuestra familia, con nuestros amigos, con nuestros alumnos, o, en un comercio, con nuestros clientes.

La aceptación total de mi ser con el comportamiento natural, auténtico, fluido, hará que tenga una aceptación total de los demás. Seré permisivo, accesible, flexible y viviré más distendido. Disfrutaré de todo, podré ver más de lo que veo, porque no estaré controlando nada, iré con el ritmo de mi espíritu, con la fuerza del anhelo de mi corazón; sin darle tanta cabida a la mente y más a las sensaciones.

Mi corazón marca mi camino, soy más amable.

Álamo Temblón (*aspen*), valor

Cuando tienes confianza en ti mismo, te sientes seguro. Eso relaja la mente y el cuerpo, ofrece una tranquilidad muy particular por saber que nada te perturba, nada te da miedo. Las emociones están en armonía. Sentirse con certeza en todo lo que piensas y sientes es la causa del efecto-sentimiento de confianza.

Cuando siento temores inexplicables, pesadillas, terror nocturno, aprehensión, presagios, hipocondría, premoniciones, se debe a una falta de confianza. Ésta es producida por la inseguridad de no estar en armonía entre lo que pienso-siento, y lo que digo-hago. Dicha dicotomía es consecuencia de todo lo que ha generando la dualidad que fui adquiriendo con la cultura, el entorno. Toda esa formación tan ambigua ha hecho de muchos, seres volubles, inseguros, con baja autoestima. Lo importante es darse cuenta, aceptarlo, asumirlo. A partir de ahí revertirlo resulta más fácil.

Cambiar paradigmas y revertir conceptos harán de ti un ser nuevo con más solvencia y más solidez. De esa manera irás generando la confianza que te hace falta. Al lograrla confiarás más todo a la vida misma, a los demás; y tu visión de la existencia será más colorida, placentera. Todo cobrará más sentido, será motivo de afianzamiento y provecho para los días venideros, un futuro más tranquilo.

Lo desconocido es un paso adelante en tu valentía.

Alerce (*larch*), confianza en mí

Tener autoconfianza nos da el impulso suficiente y necesario para enfrentarnos a los obstáculos cotidianos, que parecen insuperables si nos falta la seguridad en nosotros mismos.

Especialmente en situaciones en las que aún somos dependientes, como el caso de un bebé que recién comienza a caminar. En sus primeros pasos es imprescindible la autoconfianza; pero ante la nueva experiencia su seguridad en sí mismo se torna vulnerable. Como ocurre en cualquier examen o evaluación si no hemos estudiado lo suficiente, si no tenemos una comprehensión exacta de lo que hemos estudiado. Cuando vamos a la mesa de examen aparece nuestra inseguridad. También puede ocurrirnos en una entrevista de trabajo, donde tenemos miedo de un cuestionario difícil de contestar, sentiremos inseguridad y falta de confianza.

Si en nuestra formación, por el motivo que haya sido, tuviéramos sentimientos y emociones negativas, como el sentimiento de inferioridad, la vergüenza, esto nos podría llevar a una sensación de impotencia ante cualquier desafío en la vida.

También nos puede influir en lo físico con problemas de circulación, como es el caso de la embolia y todos los accidentes cardiovasculares en cerebro, corazón o piernas.

Si nosotros no circulamos por la vida con mucha confianza, toda circulación será frenada; porque nuestro sentimiento de poca estima, así como nos inmoviliza, lo hace con el resto de las funciones.

Me quiero y me acepto.

Aulaga (*gorse*), esperanza

Cuando pasamos por situaciones difíciles, complejas, y ponen a prueba nuestras capacidades físicas, mentales y emocionales agotando los recursos, creemos perder las fuerzas, y es ahí cuando sentimos que ya hemos quedado sin esperanzas. También, seguro que en todo momento, además de contar con nosotros, con todas nuestras fuerzas internas, con la ayuda de terceros, hemos recurrido a las fuerzas de nuestra esencia espiritual, hasta llegamos a sentir que hemos perdido la fe. En esos momentos continuamos sólo por complacer al entorno; pero como autómatas, porque ya no hay nada que nos motive.

Llegamos a un punto de nuestra vida que, por falta de autoestima, sentimos desconfianza en todo, y es porque no confiamos en nosotros mismos. Esto provoca que nos sintamos desesperanzados, y caemos en cuadros de abulia o depresión. A la vez queremos mantener el control de todo y creemos que la esperanza o la solución tienen que venir de afuera, lo que nos provoca episodios de insomnio.

Cuando la salud se ha reducido y ha tenido cabida la enfermedad, ésta llega a instalarse por periodos largos y no encontramos la salida. Entonces la esperanza flaquea, aún cuando se trata de una jaqueca crónica, que puede estar causada por una simple sinusitis. Esta esencia hará que recuperemos la esperanza y la fe, así podremos salir a flote y luchar por recuperar todo lo que hayamos perdido.

Lo que crees, lo creas.

Avena silvestre (*wild oat*), claridad

La claridad nos permite la elección cuando la situación, la circunstancia o el momento nos muestras varias opciones. Esto puede suceder cuando el motivo es una vocación dudosa, o cuando nuestros deseos o ambiciones son muy altos y difíciles de alcanzar.

En muchas ocasiones, nuestra estructura caracterológica nos lleva a generar en nuestro cuerpo disfunciones a nivel hormonal. Especialmente en las mujeres, que por no saber manejar la energía creativa, aparecen problemas con sus órganos genitales, como la menopausia precoz.

Con esto frenan, eliminan una posibilidad de concreción material, como es la de concebir un hijo.

Estas personas también suelen padecer de problemas en las lumbares, producidos por la falta de movimiento energético en la esfera genital (escasa o nula vida sexual). Esto, asimismo, las lleva a tener insatisfacción en su vocación, que las hace dudar de si eligieron bien al comenzar la carrera, el estudio de profesión u oficio que ejercen.

Estas personas suelen verse afectadas por emociones de resentimiento, por algo que no asimilaron bien; como alguna situación familiar, de pareja o de grupo laboral. Esto acaba dañando el funcionamiento de su vesícula, que termina sucia o extirpada.

La avena silvestre puede ayudar a corregir estas irregularidades de dicotomía interna del ser; haciendo que se corrijan en la mayoría de los casos.

Elijo mi camino en la vida, dejo de estar quieta.

Brezo (*healther*), silencio

Esta esencia es una de las más elementales para lograr el acercamiento, la comunión, la introspección, la internalización, el reencontrarse con uno mismo. Nos llevará hasta el punto de prescindir de la compañía de los demás y darnos el espacio propio para conciliar el anhelo del espíritu y los deseos de la personalidad (EGO), permitiendo que podamos tener contacto con nuestra esencia divina o yo superior.

Nos facilita buscar dentro nuestro y descubrir que todo está ahí, no fuera; como se cree por la fuerza de inercia o la tendencia del común denominador de las personas.

Cuando padeces de hipocondría, no quieres escuchar especialmente lo que no te conviene. Sufres por temor a la soledad o estás pasando una etapa de soledad, no por aislamiento sino provocada por las circunstancias actuales en tu vida.

Te has tornado una persona distraída, indiferente, con falta de escucha porque le resta importancia a lo que puedan decir las personas de tu entorno. Esta esencia te puede ayudar a reencauzarte en la posibilidad de compartir, de ser más centrado en la posibilidad del diálogo.

Te ayuda a establecer la diferencia entre el aislamiento impuesto y la soledad elegida para poder estar con uno mismo en los momentos adecuados.

En la profundidad del silencio, se oye la voz de la sabiduría.

Brote de castaño (*chesnut but*), aprendizaje

La esencia brote de castaño es la que nos ayuda cuando tenemos problemas de aprendizaje, cuando consideramos como fracasos los emprendimientos que no prosperaron, que no pudimos extender en el tiempo —como una empresa, un comercio, un estudio, un matrimonio—. También cuando sufrimos accidentes frecuentemente.

Sirve para aliviar y corregir menstruaciones dolorosas, y hasta trastornos visuales. Muchas veces no queremos ver, especialmente algunas situaciones que generamos por error de acción o por entornos a los que no nos adecuamos. En vez de aprender a adaptarnos, sufrimos. Entonces, como mecanismo de defensa

—inconsciente—, dañamos nuestro órgano de la vista reduciendo la visión.

Con el uso asiduo de esta esencia podemos hacer útil la extracción de lecciones de la vida para favorecernos con ellas. A la vez de dejar de caer siempre en los mismos errores.

El que aprende crece, el que crece avanza.

Castaño blanco (*white chesnut*) paz mental

Es la esencia ideal cuando tenemos pensamientos, ideas, imágenes que nos atormentan por ser indeseables y reiteradas. Aquellas que ocupa todo el tiempo en nuestra mente no dejando lugar para otro pensamiento.

Esta tortura mental nos da insomnio, nos termina generando enfermedades crónicas. Especialmente resfrío continuo con estornudos repetidos.

También terminan creando tics, taquicardia, hipo o tartamudez.

Podemos quitarnos esta inquietud, esta intranquilidad interior, esta agitación y pesadumbre en un tiempo breve, pudiendo lograr la quietud interior, la paz mental tan anhelada. Ésta nos permitirá la claridad suficiente para poder ver el problema e intentar resolverlo adecuadamente.

Ahora ya sabemos que podemos quitarnos de encima esos pensamientos obsesivos que nos dispersan y no nos permiten centrarnos en el trabajo, el estudio, o la vida familiar y social. Aquellos que nos alejan de sentir el placer del momento presente.

La paz llega cuando tú logras conocerte en profundidad.

Castaño dulce (*sweet chesnut*), resistencia límite

Si estás viviendo una situación de angustia, si crees que has llegado al límite de tus fuerzas y te sientes desesperado; ésta es la esencia que puede ayudarte a salir de ese sentimiento-pensamiento que te ha minado y se ha apoderado de ti, quitándote la energía para la lucha, para enfrentar los embates de la vida que saben aparecer en algún momento, poniéndote a prueba para que luches, venzas y te fortalezcas más.

Si estás viviendo una fuerte depresión por duelo, porque has perdido a alguien a quien querías mucho, a quien amabas; esta esencia sería tu compañera y te ayudará a salir de este pozo, para que puedas recordar lo mejor vivido con el ser querido. Pero tú con vida, con vitalidad. Es muy sana la nostalgia; aunque no la depresión. Ten en cuenta esta frase: «no te mueras con tus muertos».

Si tienes una enfermedad crónica, sólo te resta la aceptación, la tranquilidad para mantener las energías en alto y poder superar el avance de la enfermedad.

Si la angustia, la desesperanza y el dolor roban tus fuerzas, habrás perdido la batalla y todo habría sido en vano. Ayúdate con esta esencia. Muchos autores la denominan «la noche oscura del alma»; un estado que, aunque no se mantiene en el tiempo, sí que es muy profundo. Si te sientes así, toma esta esencia. Te ayudará a comenzar un nuevo periodo en tu vida. Y sobre todo, a disfrutarlo.

Todo ello, inevitablemente, hará que nuestra autoestima se vea resentida, así como la falta de confianza por tener el ánimo tocado.

El que resiste, gana.

Castaño rojo (*red chesnut*), despreocupación

Muchas veces nos encontramos con situaciones en las que descubrimos que estamos destinando gran parte de nuestra energía a las demás personas —familiares, parientes o amigos—, y nos descuidamos nosotros. Descubriremos qué es un sentimiento-emoción-pensamiento que nos domina, que nos resulta difícil dejar de preocuparnos por los demás —en la mayoría de los casos es en exceso—, No hablamos de una preocupación medida, casi necesaria, aquella que queremos tener desde el afecto, la solidaridad, el cariño o la entrega; sino que es aquella que nos lleva al punto de olvidarnos de nuestras cosas personales.

Esto se convierte en un defecto que nos muestra en gran medida lo poco que nos queremos. Al dejar de preocuparnos u ocuparnos de nosotros, hacemos lo que hacemos sólo para tener el alago o la aprobación de los demás, por esa labor «samaritana». Vivimos con mucha ansiedad.

Nos desvivimos con el máximo de cuidado, especialmente hacia nuestros hijos, por temor a que en algún momento puedan sentir que les fallamos y nos desaprueben. No nos damos cuenta de que este comportamiento se debe sólo a la baja autoestima que tenemos de nuestra persona, y la poca seguridad de lo que estamos dando, la poca convicción.

Ocúpate de lo que es prioritario, así te puedes
despreocupar de lo que es secundario.

Centaura (*centaury*), liberación

La libertad nace con nosotros, está implícita en nuestro ser, es un derecho propio, no se obtiene, no se gana; se tiene y nada más.

En cambio, nosotros mismos nos encargamos de ir construyendo en nuestro ser barrotes, grilletes, cadenas, ataduras. Lo hacemos con nuestra mente. Lo generamos nosotros mismos, nunca es lo externo lo que te ata, sino tú mismo.

De ahí que creamos en las relaciones de dominio hacia el otro, o en las de dejarnos dominar, manejar, manipular; pues también hacemos lo mismo con otros. De ese modo vamos reprimiendo la autenticidad, la forma natural de expresarnos; un error.

Así es como hay casos de maltrato psicológico. Debemos respetar nuestra libertad y la del otro. Aceptarnos como somos para poder vernos, conocernos y, después de ello, querernos con plena aceptación y pleno conocimiento.

Tenemos que aceptar a los demás tal y como son; cada uno con su individualidad, con su modo, con su forma.

Esta esencia floral nos ayuda a poner límites y saber decir no. También es de gran ayuda en los casos de abstinencia con el alcohol, las drogas o el tabaco. Debemos tomarla cuando sintamos debilidad física y para los problemas circulatorios, tanto de la sangre como de la linfa, también en várices.

La libertad es un valor porque es un derecho.

Cerasifera (*cherry plum*), control

Alguna vez hemos experimentado la sensación de estar a punto de desbordar, de sentir que nos estábamos volviendo locos, de notar como la mente nos ha dominado con un sentimiento oscuro que había minado nuestro sistema, de creer que nos ahogaba el sentimiento-pensamiento nefasto, absurdo, y que inmovilizados, teníamos la sensación de explotar y perder los cabales.

Esta esencia es un gran alivio para aquellos que siente que necesitan relajar la mente, especialmente si están sintiendo que no pueden controlarla, que están a punto de perder la razón o temen hacer cosas terribles, incontrolables. Deben tomarla aquellos que tienen impulsos violentos, los que piensan en el suicidio, o aquellos que padecen agresividad acumulada. En todos estos casos es de mucha utilidad.

Recordemos siempre que controlar, reprimir, suprimir, no es la solución; porque el río en un embalse necesita que todos los días se deje drenar, hay que levantar las compuertas para evitar que la presión del agua termine haciendo que el dique vuele por el aire.

Busquemos la forma de descarga más conveniente, más natural, más sana, y así no llegaremos a que nuestra mente se sature y pierda su control, o que nosotros dejemos de conciliar con ella.

Sabrás contener aún expandiendo, y sabrás
expandir mientras contienes.

Ceratostigma (*cerato*), espejo

Muchas veces nos encontramos con problemas de salud, especialmente en el plano físico; como sinusitis, catarros recurrentes, indigestiones, dolores en las articulaciones. Cuando nos diagnostican dolores reumáticos, no nos damos cuenta de que son el reflejo o la expresión de una anomalía emocional basada en la falta de confianza, en la baja autoestima. Para ello bastaría con ver lo que tenemos de luz y no de oscuridad. Con esto todo cambiaría.

Eso, sólo eso; silenciar la mente y no dar tanta importancia al ego-personalidad, poder escuchar la voz interior, la voz de nuestro yo superior. Así ya no necesitaríamos pedir consejo a los demás, como lo hacemos y muy repetidas veces. Debemos confiar en nuestra voz interior. Nunca la escuchamos, estamos tan para afuera, tan mentales, que hemos dejado de prestar atención a la voz que nos guía.

En la profundidad del silencio se oye la voz de la sabiduría.

Clematide (*clematis*), tierra-conexión

Somos una realidad energética, mitad energía cielo y mitad energía tierra; por lo cual deberíamos estar tan conectados con lo físico, como con lo espiritual. Aunque a veces no es fácil.

Cuando no estamos estableciendo el 50% de contacto con el mundo espiritual y otro tanto con el mundo terrenal, no estamos totalmente en armonía; nos falta estabilidad emocional.

La esencia clematide nos conecta a uno mismo con la realidad dejando de lado las fantasías y los ideales para actuar. Funciona como un cable a tierra cuando nos sentimos un poco volados.

Es buena para los niños somnolientos, para los que son apáticos, para los que están como autistas aún sin serlo.

Funciona para la falta de atención, para las personas soñadoras a las que les cuesta encajar en la realidad por evasión o por una exagerada imaginación.

Pisar firme la tierra, aunque miremos hacia el cielo.

Estrella de Belén (star of Bethlehem), shock

Cuando la vida te da sorpresas inesperadas y desagradables, cuando te arrebata seres queridos, cuando sufres pérdidas afectivas, todo lo que hay son choques emocionales, noticias, accidentes, duelos. La estrella de Belén sirve para aquellos momentos en los que no hemos tenido tiempo de prepararnos, aquellos que nos superan y nos chocan.

Después de un trauma, si no se supera o se resuelve; lo abandonamos en una parte de nuestro ser donde queda hasta que un día, más tarde o más temprano, pedirá a gritos ser sanado.

Sanar un trauma es necesario para aquietar nuestro interior. Después de un trauma puede que hasta la voz, la forma de hablar se modifique. Resulta más difícil superarlo a las personas que no suelen contar lo que les sucede, se quedan como 'ahogadas' en el dolor.

Es imposible evitar que la vida nos haga enfrentarnos a experiencias dolorosas; pero sí se puede conseguir que éstas no se conviertan en un estado prolongado.

Esta esencia ayuda a aceptar los traumas y a sanar la estructura energética si ha sido dañada. Es decir, recompone fugas energéticas.

Esta esencia también nos ayuda a corregir úlceras, crisis cardiacas, tensión arterial nerviosa. Es muy sostenible, nos aporta alivio, hace de bálsamo en momentos difíciles. Es muy cálida a la hora de darnos alivio ante la pena.

No dejes que la muleta te reemplace la pierna.

Genciana (*gentian*), alegría

La sonrisa, esa curva que lo endereza todo, la alegría cotidiana, la de despertar por las mañanas con la predisposición de estar bien, alegre, alegre por el devenir, por el nuevo día, por las sorpresas bellas que nos depara el día, la Energía Universal, la madre tierra, la providencia divina. Cuando esa alegría la hemos perdido y el ánimo flaquea por los pequeños contratiempos —circunstancias en las que vemos que las cosas se entorpecen, se frenan impidiendo llegar a un proceso de evolución de manera satisfactoria, por una recaída, la depresión post-operatoria, después de un parto, etc.—, debemos tomar mano de la genciana.

Sirve para contrarrestar la depresión, para eliminar la incertidumbre que a veces nos apodera y nos lleva a dudar hasta de nosotros mismos.

También corrige o ayuda en dolores digestivos, flatulencias, diarreas y en casos de estreñimiento. Es la esencia indicada para el síndrome de «boca seca» dado que estimula el trabajo de las glándulas salivares.

Esta falta de alegría nos afecta en nuestra propia imagen, creando una realidad inexistente. Si no se recupera pronto es posible que aparezcan cuadros depresivos más profundos.

Genciana ayuda de forma muy eficaz a recuperar las ganas de hacer cosas, de aprender, de crecer, de reír, de vivir la vida con total plenitud.

La alegría es el oxígeno que nos proporciona vida,
se asemeja al sol, sin ellos no podemos vivir.

Haya (*beech*), tolerancia

La haya es beneficiosa si sientes que no aguantas a la gente, o que te cuesta aceptar los errores de los demás y crees que haces todo mejor que nadie.

Esta esencia ayuda cuando no te permites fallar, cuando no eres tolerante contigo y casi llegas a utilizar el autocastigo cuando esto ocurre. Tiene la particularidad de brindarnos la estructura de confianza que a veces necesitamos para poder ver la capacidad de los demás, aprender del otro, para observar su evolución y diferenciar las capacidades y potencialidades de los otros sin que ello nos moleste, nos disguste y nos dejemos llevar por un sentimiento negativo que nos despierta la tendencia de criticarlos de forma constructiva.

A la hora de trabajar la intolerancia, la tendencia a la crítica, la arrogancia, podemos recurrir sin dudarlo a esta esencia porque nos será de gran ayuda.

Si uno no es tolerante con uno mismo, no puede serlo con los demás.

Resulta eficaz para las personas que por culpa de esta intolerancia les aparece otro estado de soberbia o de superioridad que solo oculta una inseguridad muy grande.

Este estado no siempre es consciente, incluso a la persona le cuesta reconocer que pueda haber un problema de confianza en sí mismo o de un buen nivel de autoestima.

El haya ayuda de forma clara y directa a tomar conciencia de que no somos perfectos, y que podemos equivocarnos; ayudando a relajarnos y a no vivir con tanta tensión todo en la vida. Precisamente cuando uno es tolerante con uno mismo, automáticamente lo es con el resto del mundo.

Muchas veces las enfermedades de los órganos de contacto como son los pulmones y la piel tienen que ver con la intolerancia, por lo cual, ante un cuadro de enfermedad como la bronquitis o cuando hay recaídas en cualquier enfermedad, hagamos uso de Haya y corregiremos más pronto el desorden interno.

La tolerancia es la puerta a la humildad». «Ser paciente es un acto de la inteligencia.

Heliantemo (*rock rose*), valor

Esta esencia ayuda en casos de miedo extremo, hablamos de un miedo un tanto irracional y que puede paralizar a la persona, provocado por una desgracia imprevista que el enfermo no sabe cómo.

También es muy efectiva para los terrores nocturnos de los niños, ayudándolos a superarlos.

Los síntomas que provoca este estado van desde rigidez, pasando por taquicardia, también la contractura el diafragma, y manos frías o sudoración.

Por lo que haya vivido en ese momento, sin importar la dimensión que esto tenga, puede quedarse bloqueada y no saber cómo reaccionar, o simplemente que el cuerpo no le responda. Por suerte es un estado pasajero.

Los miedos de una forma u otra limitan a la persona y no le permiten ser lo que realmente es.

Esto afecta de manera directa a nuestra imagen perjudicando nuestra autoestima y creyendo que no somos capaces de hacer lo que ni siquiera hemos probado. Nos limitamos antes de intentarlo.

Mira ese miedo cara a cara y éste desaparece.

Hojarazo (*hornbeam*), vitalidad

A esta esencia se la reconoce en todo el mundo como la "esencia del lunes".

Resulta útil cuando se tiene un estado de pereza, un cansancio inesperado, una falta de ánimo después de un esfuerzo grande. De ahí que esta esencia sea una de las que siempre aparece en una fórmula para ayudar en la preparación de exámenes o trabajos que precisan de muchas horas de estudio y concentración.

El cansancio desaparece en poco tiempo, porque está provocado por algo específico.

Hojarazo nos ayuda a iniciar cualquier actividad o cualquier trabajo que a priori creemos que nos va a costar realizar.

Nos ayuda a comenzar el día con vitalidad, actúa sobre la pereza.

Cuando logramos ese ánimo todo nuestro ser se ve capaz de realizar lo que se proponga, lo que ayuda enormemente a reforzar nuestra propia imagen.

Por supuesto, es importantísimo sentirse vital y percibir esa seguridad en sí mismo, tan necesaria para reforzar nuestra autoestima.

Puedo lograr todo lo que me proponga.

Impaciencia (*impatiens*), paciencia

Es la esencia indicada para aquellos que tienen prisa por todo. Para los demás parece que corren demasiado, y ellos creen que el mundo va excesivamente despacio. Intentan que los demás lleven su ritmo.

Una persona impaciente vive nerviosa e inquieta, y lleva a los demás al mismo estado si estos lo permiten. No admite que cada uno lleve su ritmo o haga las cosas a su manera.

Es la típica persona que te acaba las cosas sin dejarte a ti hacerlo, o no permite terminar una frase; cuando la otra persona habla, siempre la completa.

Cuando esto se trabaja de forma más directa uno se vuelve más amable y sonriente, incluso puede ayudar a los demás de forma diferente, ser más comprensivo, sin atosigar, sin apresurar a las personas.

Te haces responsable de ti mismo y de tu vida, asumes que cada uno es dueño de sus actos y responsable de todo lo que hace y de cómo lo hace.

La paciencia hace diferente.

Madreselva (*honeysuckle*), olvido

Ideal para personas enganchadas a situaciones vividas en el pasado, no siempre tienen porqué ser malas o negativas. Se habla de esta esencia como la flor de "la tercera edad" porque ahí se recuerda todo lo vivido entrando en añoranza o melancolía.

Si estamos evocando constantemente nuestro pasado, lo hacemos presente.

Pero esto puede suceder en cualquier etapa de nuestra vida en la que el ayer se apodere de nuestro presente prohibiendo vivir la vida desde la consciencia y enraizando el recuerdo.

Aprender esto es una de las lecciones más importantes, porque la vida es hoy. No podemos arrastrar o teñir nuestra vida de recuerdos que no tienen cabida en nuestro día a día.

Ayuda a romper lazos con el pasado. Nos facilita estar más atentos en lo cotidiano. Ya no buscamos evadirnos en pensamientos o recuerdos, de forma consciente o inconsciente, porque logramos centrar nuestra atención en nuestra vida hoy.

Hay que romper el encadenamiento mental a
recuerdos o emociones que nos dañan.

Manzano silvestre (*crab apple*), purificación

Es una esencia muy útil y muy utilizada ya que a nivel físico se ocupa de todos los problemas que aparecen en la piel. También ayuda a eliminar toxinas Y a limpiarnos por dentro, es una esencia que purifica.

Se utiliza mucho para personas que tienen unos niveles de autoestima muy bajos y que por diferentes motivos pueden llegar a tener hasta una imagen «sucia» de sí mismos.

Es una de las esencias para «limpiar» esa imagen y reforzar así la autoestima.

Como indican las terapias naturales y la medicina china, la piel es el órgano que se relaciona con la comunicación, con el contacto; por tanto cualquier problema que pueda manifestarse en la piel puede estar causado por un problema de comunicación o de contacto con el mundo externo, por exceso o por defecto. Puede deberse a la timidez o al qué pensarán los demás de mí. Cuando la autoestima es baja, lo que los demás piensen u opinen sobre nosotros es algo de vital importancia y relevante en nuestra vida. Pero no podemos vivir pendientes del halago, es agotador y en ocasiones frustrante si no llega.

Debemos hacer las cosas por y para nosotros mismos, será la mejor manera de poder hacerlo por y para los demás.

El manzano silvestre nos ayuda a vernos tal y como somos, mejorando la visión sobre nosotros mismos.

Eres lo mejor que tienes en la vida, mímate.

Mímulo (*mimulus*), valentía

Esta esencia también se utiliza mucho, de hecho es una de las más utilizadas en los tratamientos con esencias florales.

Los miedos son habituales en todas las personas y a cualquier edad por diferentes circunstancias. Hay quien dice que un poco de miedo es bueno y te hace precavido.

Aquí nos ocupa el miedo que nos deja fuera, que no nos permite hacer cosas aunque queramos.

Cualquier miedo que pueda nombrarse y que sea consciente se trata con esta esencia.

Por supuesto que el mímulo hace un gran trabajo con el miedo en personas con autoestima baja, con miedo al qué dirán, incluso personas que temen el éxito.

Esta esencia nos da alas para hacer todo lo que somos capaces de llevar a cabo. Todas las personas poseemos capacidades superiores a las que creemos tener.

Ayuda a hablar en público y a personas a las que la timidez les dificulta en las relaciones personales o, inclusive, la posibilidad de encontrar trabajo.

Pero el miedo por excelencia es el miedo a ser, a ser lo que soy realmente. Hay personas que viven años y años siendo lo que los demás quieren que sean y no lo que su interior les marca. Viven en eterno conflicto con uno mismo.

Sé tú misma, sé valiente.

Mostaza (*mustard*), optimismo

Todos tenemos momentos en la vida en los que podemos sentirnos poco optimistas o, inclusive, con una tendencia pesimista. Éste no es un estado permanente ni tampoco profundo.

Hay quien lo denomina como una «leve depresión» provocada por algo que generalmente la persona sabe qué es.

Puede ser una situación leve que uno no puede manejar y entonces cree que ya nada va a lograr.

La mostaza ayuda a recuperar el optimismo y la ilusión, incluso si había una leve tristeza, enseguida te devuelve la sonrisa.

Esta esencia se utiliza cuando la persona está un poco apagada, o con poco ánimo para hacer cualquier cosa.

El hecho de que no sea nada profundo o siquiera permanente, hace que su recuperación sea mucho más rápida, llegado a dudar la persona de si el cambio es real o si va a mantenerse.

Con una actitud mental positiva, todo se ve diferente.

Nogal (*walnut*), cambio

Durante toda la vida pasamos por diferentes etapas que provocan numerosos cambios que a veces no podemos o no sabemos manejar.

El nogal nos ayuda en la adaptación a los diferentes cambios, sean de la índole que sean; desde la etapa de dentición, los pañales, el comienzo en la guardería o en el colegio, la pubertad, o también un cambio de domicilio, trabajo, un divorcio, cambio de ciudad. Nos beneficia en cualquier cambio en nuestra vida que nos cause un desorden interno.

Si no aceptamos o asimilamos cualquiera de estos cambios que la misma vida provee, nos va a afectar en nuestra estabilidad interna. Sentiremos que no pertenecemos a ningún lugar.

La imagen que uno tiene de sí mismo se ve afectada en etapas de cambios físicos debidos al propio desarrollo de la persona; por tanto, cuanto antes se asimilen ciertos cambios inevitables, mejor estaremos con nosotros mismos, y nuestra autoestima no se verá afectada.

Esta esencia también ayuda en la protección a nivel energético que utilizan muchos terapeutas, trabajadores sanitarios, o cualquier persona que se sienta afectada por influencias externas.

El cambio es vida. La vida es cambio.

Olivo (*olive*), resistencia

A veces el cansancio físico y mental nos deja exhaustos. Sentimos que necesitamos tomarnos un descanso ya que dicho cansancio nos somete a un estado de presión por querer seguir en la misma línea mental y física.

El olivo es una esencia que se recomienda a una persona que trabaja dentro y fuera de la casa, que además tiene hijos y que se siente agotada por momentos, como si no pudiera más.

El cansancio provocado por exceso de trabajo se alivia de forma casi inmediata con esta esencia, por ello se recomienda en muchos casos tomarla antes de las 16:00 h de la tarde.

Te da la resistencia necesaria para realizar todas tus obligaciones; pero también desde la razón, para saber marcar límites y ser conscientes de que es imposible abarcar tantas cosas. Aprendemos a no sobrecargarnos.

A veces intentamos hacer más de lo que podemos sólo por sentirnos queridos o valorados, nos cuesta poner límites y por ello acabamos agotados.

No es un cansancio crónico, por eso su recuperación suele ser rápida.

Un buen nivel de autoestima te lleva a hacer únicamente lo que sea sin desgaste físico, mental o emocional.

La relación con los hijos, sobre todo en edad adolescente, a veces puede agotarnos, crea un ambiente de confianza, amor y respeto, sin críticas, sin juicios. Verás como todo cambia.

El amor a ti mismo comienza poniendo límites.

Olmo (*elm*), aguante

Muchas personas se llenan de responsabilidades para evitar lo más importante, el encuentro con uno mismo.

El exceso de responsabilidad a veces puede enmascarar el querer huir de sí mismo; mirar siempre para afuera, para evitar mirar hacia dentro.

También podemos esconder una evasión de la propia realidad personal, de la vida cotidiana de cada uno. Por ejemplo, tenemos problemas en casa y por ello hago un exceso de horas laborales.

Por temor a encontrarse con la realidad, la persona tiene todas las horas del día ocupadas.

Si la propia imagen es pobre, seguirá con el mismo ritmo sin importar consecuencias físicas, mentales y emocionales.

A parte de ayudar con el aguante en esta circunstancia, aprende a delegar, entiende a que no somos el ombligo del mundo y que otras personas pueden hacerlo igual de bien que nosotros.

Además, me hago responsable de lo que llevo tiempo evitando y aprendo el dulce placer del silencio, y a estar sin hacer nada. Recordemos el famoso lema italiano: Dolçe far niente.

No te alejes de ti, vuelve hacia adentro.

Pino (*pine*), liberación

Muchas personas arrastran durante toda su vida un sentimiento de culpa que les genera mucha tensión a todos los niveles.

Todos nos equivocamos en la vida, forma parte del aprendizaje al que estamos sometidos para nuestra evolución. Es importante que veamos los errores como lecciones a aprender en la vida, y no arrastrarlos como culpa durante años y años en nuestra existencia.

Vivir con sentimiento de culpa es una carga pesada que esta esencia nos ayuda a eliminar. Conforme uno va reforzando su autoimagen, esto va a ser más sencillo de solucionar.

Vivir pegado al pasado no nos permite ser nosotros mismos, nos aleja de nuestro corazón, de nuestra esencia. Es necesario que reforcemos nuestra confianza para poder seguir adelante en la vida.

Para poder quitarnos esa culpa deberemos hacerlo desde la aceptación y la comprensión de los hechos. Llega un momento en la vida en el que sólo queda la aceptación de no poder cambiar lo ocurrido, y que tampoco nos sirve trasladar esta sensación a todo lo que hagamos, tiñendo nuestra vida de tanto dolor.

Cuando logramos eliminar el sentimiento de culpa, la sensación es parecida a respirar más y mejor. Incluso desaparecen muchos de los dolores físicos que venimos arrastrando durante tanto tiempo.

Esta esencia también es muy eficaz para los dolores físicos.

Hay que resolver cualquier problema que no nos deje avanzar.

Roble (*oak*), empuje

Esta esencia es ideal para personas arraigadas a una disciplina muy estricta, Para gente muy luchadora, tal vez en exceso. Estos sujetos trabajan mucho y ocultan su cansancio. Pueden sentir agotamiento mental y físico, incluso diferentes dolores por todo el cuerpo, por el exceso de cansancio.

Todo esto puede estar provocado por una baja autoestima que los convierte en autoexigentes para no cometer ningún fallo, para realizar todo el trabajo y más, pudiendo así sentirse más valorada.

Son personas con una capacidad innata para hacer cada día más; por ello, esa disciplina acaba agotándoles.

Su lección es aprender a parar antes de llegar al agotamiento, incluso no asumir más de lo que se puede hacer sin agotarse.

Al menos esta esencia los ayuda a seguir funcionando, y el tomarla durante un tiempo los ayuda a tomar conciencia de lo que se puede hacer respetando sus propios límites.

Repone del desgaste y refuerza con ello la propia imagen. Si logramos vernos y respetarnos, no haremos más de lo que nuestro cuerpo nos permita.

La fuerza se logra creyendo en ti mismo.

Rosa silvestre (*wild rose*), motivación

Esta esencia se utiliza para personas apáticas o metidas en un letargo que no les permite hacer ningún esfuerzo para mejorar su vida o aprender de las experiencias. Se conforman, dejan de luchar. No es que estén descontentos, sólo que aceptan y se dejan llevar por las circunstancias.

Suele usarse en personas con enfermedades de larga duración, llega un momento en el que se cansan de seguir luchando, se resignan.

Les devuelve el ánimo para seguir adelante, para seguir con un estado de quietud, de tranquilidad.

Hay un denominador común en todas las personas que tienen un estado «rosa silvestre», que es la desilusión o el desencanto; generalmente aparece con una larga enfermedad o incluso con situaciones que se alargan demasiado en el tiempo y que dejan sin fuerzas e ilusión a una persona.

Esta situación, por supuesto, acaba afectando a la propia imagen haciendo creer a la persona que no puede más. Rosa silvestre ayuda a cambiar esta actitud en muy pocos días.

*Encuentra algo estable dentro de ti y verás
que todo adquiere un orden.*

Sauce (*willow*), paz

El resentimiento es una de las situaciones que más dolor puede provocar a los seres humanos.

En muchas ocasiones no somos conscientes. De hecho muchas personas creen haber resuelto muchos de los traumas que han marcado su vida, nuestra relación con los demás, o todo aquello que nos ha dañado.

La persona que vive anclada a una emoción negativa, vive realmente amargada y con un rencor que no le deja vivir en paz ni ser ella misma.

El sauce ayuda a sanar este tipo de emociones, lo que permite a la persona reencontrarse con su propio yo.

Si seguimos pendientes y enganchados en cosas pasadas nos perdemos la vida, nos perdemos los acontecimientos que nos toca vivir hoy.

Para lograr esa paz interna necesitamos ese encuentro con nosotros mismos, lo que hará que logremos reforzar nuestra imagen, dándonos seguridad y sintiendo mucha liberación por ello.

Vivir con resentimiento puede afectarnos incluso en nuestra tensión corporal, haciendo que nos sintamos rígidos física y mentalmente.

El sauce nos conecta con esa parte de nosotros que, a través de la comprensión y el amor, nos lleva a la paz.

Si encuentras la paz en ti, la encontrarás en el mundo.

Esclerantus (*scleranthus*), elección

Es una de las esencias que actúa más rápido si tuviéramos que elegir entre dos opciones. Nos ayuda a ver las cosas con claridad y a ver qué opción es la más conveniente para nosotros y nuestra vida actual.

Resulta muy interesante utilizarla cuando la persona está paralizada por no saber qué elegir, y es maravilloso comprobar cómo ayuda de forma indirecta a reforzar la seguridad en uno mismo generando autoconfianza.

La duda no nos deja avanzar, nos limita, nos frena. Por ello tratarla con ayuda, cuando no podemos por nosotros mismos, va a acelerar el proceso de definición.

Con el esclerantus se pueden tomar decisiones que llevamos tiempo posponiendo por miedo al resultado, un temor infundado. Evita que nuestra mente nos deje sin actuar haciendo que pasen los días anclados en la inacción.

A veces asusta el cambio, pero más debería asustar seguir en lo que nos daña.

Se trabaja muy bien con personas que tienen estados de ánimo oscilantes, cambiantes. Ayuda a centrarse.

Es una esencia muy eficaz para el tratamiento de los mareos, vértigos, e incluso falta de equilibrio. La inestabilidad también puede ser tratada con esta flor.

Para los niños se puede utilizar en viajes largos y con riesgo a que estos se mareen durante el trayecto.

Puedo dudar de todo, aunque nunca dudaré de mí.

Verbena (*vervain*), confianza

Funciona con las personas con exceso de entusiasmo por determinadas ideas, aquellas que quieren convencer a los demás de que eso es lo mejor.

Muchas veces este entusiasmo puede llegar a cohibir o agobiar a los que tienen alrededor. Pueden llegar a ser muy fanáticos de sus ideas.

Hay terapeutas florales que en su formación y durante la primera etapa, se les recomienda tomar verbena. Al ver grandes resultados con las esencias, cómo son capaces de ayudarse a sí mismos y a los demás, quieren que todos sus seres queridos las tomen, sin llegar a ver el límite. En ocasiones sus seres queridos llegarían a tomarlas sintiéndose obligados.

Quienes precisen de esta esencia será por una situación pasajera. El exceso de entusiasmo por algo no suele mantenerse en el tiempo. Son etapas en las que las diferentes circunstancias de la vida pueden llevar a la persona a querer arrastrar a los demás hacia sus propias ideas por una gran necesidad de sentirse valorado, respetado y querido, sobre todo por sus seres más cercanos.

Estas personas se creen capaces de cambiar el mundo, son muy extremistas llegando al fanatismo. Aporta moderación.

No puedes hacer el camino del otro,
cada uno tiene el suyo propio.

Vid (*vine*), diálogo

El diálogo es lo que más le interesa a vine, y sin embargo es lo que más le cuesta manejar. Es seductor, comunicativo, extrovertido, divertido, siempre que interpreten su humor y se lo festejen, de lo contrario se sentirá contrariado.

Vine nos posiciona en la perspectiva de la otra persona, aumentando así la flexibilidad de nuestra óptica.

El individuo vine tiene la predisposición a imponer su voluntad a los demás. Se creen algo muy especial. Están tan seguros de saber qué es lo correcto, tanto respecto a sí mismo como en relación a los demás. Siempre saben cómo deberían hacerse las cosas.

Son críticos y pedantes. Quieren hacerlo todo a su manera y dan instrucciones a quienes les ayudan. Aún estando enfermos dan órdenes a su semejantes. Incluso en ese estado son difíciles de contentar.

Saben ejercer la tiranía en muchas situaciones, sin darse cuenta del daño que causan en sus relaciones sociales, familiares, amorosas etc.

Después de hacer el daño, se vuelven conscientes de ello y sufren mucho en silencio. No entiende que eliminando su orgullo, pueda liberarse de la pena pidiendo perdón o disculpas.

En el aspecto de su salud física, sufren de dolor de espalda (lumbar), pinzamientos cervicales o lumbares, ciática, hombro doloroso, inflamación aguda de oídos, herpes y muelas.

Me acepto tal y como soy, así puedo aceptar a los demás.

Violeta de agua (*water violet*), compañerismo

Las personas que necesitan esta esencia suelen ser muy orgullosas y tienden a volverse solitarias sin importar lo que les ocurra, siempre lo viven aislados.

Es un tipo de persona que se cree superior a los demás, de ahí el aislamiento, porque todo el mundo le sobra. Son independientes y muestran autosuficiencia.

Suelen ser muy reservados, lo que dificulta la relación con ellos. Tratar de compartir con ellos es tremendamente difícil.

Tampoco es fácil llegar a ellos con la terapia floral, ya que es un estado difícil de reconocer por uno mismo.

Tienen una buena formación, incluso pueden tener un buen estatus social.

Se dice que enmascaran un problema de autoestima y de falta de confianza en sí mismos, y suelen hacerlo con orgullo, o haciendo creer a los demás que son superiores a todo el mundo.

Esta esencia ayuda al acercamiento entre las personas, que pueden ser amigos, familiares o compañeros de trabajo. Acorta las distancias. Aporta comprensión y nos acerca a la humildad, a no sentirse superior a nadie. El cambio que se produce en la persona es muy claro porque de ser un solitario o tener tendencias al aislamiento, pasa a ser una persona más cercana y con una actitud mental más abierta y permisiva.

Cuando la soledad la provoca el orgullo, la persona queda atrapada en el dolor.

Frase de Gandhi

La felicidad se alcanza cuando lo que uno piensa lo que uno dice y lo que uno hace, están en armonía.

Gandhi (1869-1948)

Para poder llegar a esta armonía es fundamental que tengamos la voluntad de observarnos a nosotros mismos. Necesitamos observarnos para conocernos y entender por qué hacemos las cosas así y no de otra forma...

De esta manera iniciamos un camino de búsqueda interior que ya no tiene retorno. Podremos, tal vez, detenernos, no seguir; pero jamás volver atrás... En esta búsqueda interna vamos reconociendo en nosotros mismos todas esas actitudes del día a día que muestran, sólo con prestar atención, lo que una persona está viviendo. Aprendemos a diferenciar cuando se hacen las cosas para ser aprobados, valorados o aceptados. Y cuándo comenzamos a hacerlas sólo por nosotros mismos, sin esperar la aprobación de nadie, sin esperar nada.

Vivimos en una constante contradicción y no se puede permanecer así. No es sano, ni para mí ni para los demás.

Sólo conociéndonos a nosotros mismos seremos capaces de vivir como indica Gandhi. Cuando esto se logra entramos en un estado maravilloso de respeto y comprensión hacia mí y hacia el mundo.

Pero, ¿cómo debemos hacer para lograrlo? Muchas veces uno no es consciente, no se da cuenta de que dice una cosa y hace otra... o que piensa una cosa y dice otra. Sólo cuando tomamos conciencia es cuando lo vemos. Vivimos la vida totalmente despistados, mirando el mundo de memoria; es decir, como lo he visto mil veces ya no debo prestar atención, y así nos va, distrayendo nuestra atención de donde debe estar, en el aquí y el ahora.

Es la inercia, o la fuerza de la costumbre, lo que hace que sigamos viviendo con la actitud equivocada. El mundo viviría más en armonía si todos miráramos más para adentro, descubriendo así todas nuestras necesidades, conociéndolas. Es la única forma de que podamos darle una coherencia a nuestra vida.

Cada vez que pensamos una cosa y decimos otra, generamos sentimientos de frustración que vamos acumulando hasta que se traduce en rabia, miedo o duda. Estos pensamientos son poco productivos, casi autodestructivos. Pasamos por la vida en una vibración muy densa, apagados, amargados, enfadados y tal vez preguntándonos: ¿Por qué a mí?... Y la respuesta sería: porque buscas una solución fuera cuando está dentro, porque tal vez te sirve esa actitud para tener pendientes a los demás, para dar pena, para sentirte querida o para que te valoren; lo que debes aprender es que se puede tener todo lo anterior sin necesidad de manipular emocionalmente y ganando en calidad la relación si uno está bien consigo mismo y cambia su actitud ante las adversidades, poniendo la voluntad de cambiar lo que se puede cambiar. Debemos aprender de la experiencia, no sufrir con ella. A veces, sólo alejándonos un poquito de las cosas, se ven de otra forma.

El amor a uno mismo es la clave, para pensar, sentir y hacer todo en armonía. Cuando logro amarme y respetarme, ya no puedo ir a contracorriente. Seré honesto conmigo, es imposible que sea de otra manera.

El miedo a quedarme sola, a que no me quieran, a que no me valoren, a que no me tengan en cuenta, a que no vean mi inteligencia o mi capacidad de hacer las cosas, el miedo a no estar a la altura, todos estos miedos entre otros; nos llevan a acomodar la información, a manipularla o a decir lo que el otro quiere escuchar, y no lo que yo quiero decir.

Sanando esos miedos nos estaremos liberando de la carga que supone esperar la aprobación del otro. Todo se reduce a que yo me acepte tal y como soy, a que me valore, me respete, me quiera. Verás que todo a tu alrededor se acomoda a esa vibración, a esa actitud de vida que te lleva a estar tranquila interiormente.

Y con esta actitud podemos fluir con la vida, es decir, no ir contracorriente —que es como solemos vivir—; de ahí que el día a día para muchas personas esa una carga. Para estas personas, desde que se levantan, lo que viven es como un calvario. Nada les motiva ni les ilusiona. Y todo por no querer ver que lo más importante está muy cerca, ahí mismo, en su corazón.

Tu actitud es importante

Esto es un mensaje muy claro y directo, sólo estás a un paso de cambiar aquello que te aleja de ti mismo. Una buena autoestima nace del estar conectado con uno mismo. De hacer todo aquello que te hace bien, y de evitar todo lo que te daña.

Incluso en aquellos momentos en los que crees que nada tiene sentido, aún en esos, podrías dar un paso al frente y respirar hondo. Renovando el aire, todo cambia.

A veces no somos conscientes de que si estamos mal «aquí», podemos movernos e ir «allí».

Cambiar de sitio te permite tener una visión más objetiva y diferente; por tanto, es cuestión de días que empieces a tomar las riendas de tu vida.

Debemos aceptar que la vida nos pone cantidad de experiencias diferentes para crecer interiormente. Se sabe que lo que nos produce dolor, sufrimiento, nos hace crecer mucho más, valorar más la vida, los detalles más pequeños y también se aprender a darle la importancia justa a las cosas.

Un cambio en la actitud es posible cuando empiezas a estar más atento a todo lo que haces, sin vivir de forma despistada, es decir, sin darte cuenta de cómo vives. Esto es algo que suelen hacer la mayoría de las personas, vivir despistados; lo que supone vivir de una forma un tanto extraña, ya que no somos conscientes de la mayoría de las cosas que hacemos siempre tenemos la cabeza en otra cosa. Nos perdemos ese presente continuo.

La vida con atención plena te libera de las ataduras mentales y de los preconceptos antiguos. La tendencia mental es muy clara, son hábitos que podemos modificar. Nuestra mente siempre va como con inercia hacia pensamientos negativos, lo que condiciona nuestra propia autoimagen, ya que nos decimos una serie de lindezas que ni siquiera somos conscientes.

Deberíamos hacer el esfuerzo de evitar pensamientos negativos hacia nosotros mismos. Es simple, sólo debemos estar atentos cuando esto sucede. Estaría bien tener un pensamiento recurrente positivo para contrarrestar el anterior, como por ejemplo «me quiero y me acepto». Y si es necesario, lo podemos repetir más de 200 veces en el día. Comprobaremos así la vibración maravillosa que mueve el pensar en positivo sobre nosotros mismos.

Tener pensamientos bellos, llenos de tolerancia, de amor y respeto, harán que nuestra autoestima cada vez sea más estable, y por ello, nuestra imagen estará totalmente reforzada.

El placer

El placer: una actitud, una aptitud, o seguramente una sensación, una percepción, un sentimiento, un estímulo vital, una conducta, una emoción si tengo claro qué es experimentar el placer, de lo contrario se convierte en un término, una palabra bonita. Muchas veces no tenemos bien claro el concepto. Lo confundimos con el gozo, o mezclamos ambas palabras para indicar la misma cosa, y no es así. El placer está ligado con lo sensorial, lo corpuscular, con la piel interna y externa de nuestra naturaleza. En cambio, gozo es una sensación del espíritu, del alma, de lo interno en lo emocional, más que en lo sensitivo, en lo perceptivo, más que en lo físico.

Pensemos que nacemos con un grado muy elevado de sensaciones que nos provocan placer a cada instante. Una de ellas es el contacto de piel con piel con nuestra madre, la succión de su seno por el pezón en sí dentro de la boca y la leche tibia entrando en la boca, el masaje con aceites, el baño, cuando se está orinando en el pañal, lo mismo cuando defecamos (la sensación de alivio, da placer), cuando somos acunados, la voz de los padres; todo nos proporciona placer.

El placer si se quiere es infinito. No deberíamos buscarlo, sino sentirlo como el bebé, a cada instante, en cada cosa que nos da esas sensaciones que están, pero que ya no nos percatamos de ellas porque creemos que hay que buscarlas. Y, sin embargo, están en cada momento, aunque la mente, al estar tan ocupada en otros pensamientos, no nos deja sentir, sentir el placer sensorial, el que se experimenta en cada corpúsculo, en cada célula, en cada partícula de nuestro ser.

Debemos dejar de ser tan mentales y permitirnos ser más sensitivos, más sensibles a lo sensorial, sin ponerle mente razonadora, discursiva, cuestionadora, logística a toda situación y/o sensación perceptiva.

Nos perdemos la oportunidad de complacernos en cada momento con la emoción del placer. Cada instante de nuestra vida, seguramente, tiene un grado de placer. No lo vemos, no lo reconocemos, no nos lo permitimos sentir; porque aún en la situación más placentera encontraremos algo para que haga una fisura en su cuerpo, para no recibir el 100 %.

Nos pasa a la mayoría de las personas por tener una autoestima baja o poco valorada, poco alimentada, poco metida dentro de nosotros.

Es necesario buscar dentro de nosotros ese sentimiento de amor a nosotros mismos, para poder así permitirnos sentir y desarrollar la gran percepción del placer en todo y cada cosa que hagamos en la vida.

Libidinizar la vida

UNA ÓPTICA DIFERENTE... (Así lo veo yo como Maestro de Yoga)

La libido, palabra tan bien utilizada por el padre del psicoanálisis, Sigmund Freud, refiriéndose a la energía que generan las hormonas sexuales. Otra palabra o término que le hizo de análogo es «orgonio» (Wilhelm Reich), qué casualidad, en la misma época y en el mismo siglo. Los dos coincidieron en que la vida del ser humano pendula entre el dios Thanatos y el dios Eros. Aquí nos muestran la gran importancia de esta energía y del equilibrio que debe tener entre sí. Con esto se entiende que si nos pasamos de carga sexual y no la sabemos administrar, nos hará daño. A esto se refería Freud cuando hablaba de cómo la neurosis sexual y la falta o ausencia de ello nos lleva a la depresión endógena. También, si la sobrecarga para evitar la tensión sexual se disipa al vacío estéril; esto conlleva a la debilidad física y psíquica, o a la pérdida de nivel inmunológico. De esta forma aparecerían enfermedades como la tuberculosis o el sida (se entiende, el uso indiscriminado y la promiscuidad).

En la filosofía del *Yôga*, que es un punto de vista de los hombres sabios de la antigüedad (5000 años atrás), se entiende que esa energía hace de fortificante para el bienestar físico y psíquico del ser. En los medios ordinarios lo podemos ver; por ejemplo en el deporte, el fútbol, el boxeo, hacen que el deportista practique concentración, esto demuestra que esa energía acumulada, luego, puede ser llevada a voluntad y con una determinada intención. En el caso de los *bramacharias* (monjes célibes), ellos utilizan las técnicas de actitud devocional y transportan la energía a través de los distintos *chakras* con el uso de la visualización, las *pránáyámás*, las bandas. De esa manera van ascendiendo y ampliando los estados de conciencia.

En el caso del cultor del yoga, amalgamado con filosofía tantra y *samkhya* a través de la sensualidad, la sensorialidad, el uso consciente de las siete leyes de la naturaleza, especialmente, la de vibración y la de polaridad; hará que esta energía se incremente en la base, en el *chakra* raíz aumentando la presión, la intensidad de esta caldera para descomprimir a voluntad y dejar que ascienda progresivamente. Mientras, a través de los *kriyas* y los *pránáyámás* con *bandhas* logra que el cableado de la instalación eléctrica de su cuerpo se vaya reforzando para soportar la fuerza de la intensidad de la energía a medida que aumenta.

Si lo comparamos con la instalación eléctrica de una casa, consiste en pasar de la corriente bifásica a la trifásica, o de 220 V a 330 V, y llegar a 440 V, sin que por ello se rompan los fusibles o se quemen los alambres de cobre por no poder soportar la alta temperatura.

Romper los fusibles es igual a contraer una neurosis o tornarse totalmente apático e indiferente al placer, o lo contrario, convertirse en un ser promiscuo, dominado por la pasión y que se encuentra poseído por su propia energía. Este trabajo ha de ser guiado por un profesor o maestro cualificado para evitar cualquier daño en el sistema nervioso.

Se comprueba día a día que este procedimiento o técnica hace a una extrapolarización mucho más rápido que a través del celibato.

Se entiende que es natural. Somos seres sexuados que llegamos al mundo a través del sexo, la energía que posee nuestro cuerpo es energía sexual, dividida en energía negativa, positiva y neutra.

Este movimiento de partículas que transforman al átomo, esto que la ciencia llama positrón, electrón, protón, todo eso es la energía.

Se puede creer y avanzar espiritualmente a través del sexo, de la sexualidad, del aumento consciente de la libido.

Para ello debemos tornarnos cada día más consciente de ello, más sensoriales, más receptivos de las sensaciones. Y para que esto suceda solamente hay un camino: el de la meditación. Sino, lo único que podemos lograr es darle la razón al filósofo sudamericano, José Ingenieros, que dijo «el hombre es el único animal en celo permanente». Ingenieros se refería al hombre que tiene todo el día la mente en el sexo o el sexo en la cabeza, en vez de repartir su enfoque en el plano mental, el emocional y el físico, equilibrando su comportamiento energético con el fin de ampliar su conciencia, disfrutando más de los valores y de su naturaleza interna.

Deberá tener la suficiente fuerza interior para escapar de esa masificación en la que está inmerso imitando al común denominador para no ser discriminado y conservar a un costo muy elevado el sentido de pertenencia, en vez de recuperar su individualidad y proyectarse en el verdadero sentido de la vida.

Necesitamos ser un instrumento más de la inteligencia superior y bogar por ascender en la espiral. Debemos aprovechar el sentido de estar hecho a imagen y semejanza, con todas las posibilidades del ser, perfectivo y perceptible; y convencernos, cada día más, de que la única realidad está dentro nuestra, y no afuera. Todo puede esperar menos el encontrarnos con nuestra esencia.

Hay que trascender la polaridad para lograr la aceptación del componente complementario y poder ser y sentirse completo en la estructura de hombre singular.

Éste es un trabajo completo para el hombre ordinario, que no se plantea en ningún momento trascender el sexo. No quiero decir dejarlo de lado, negarlo, ni saturarse para poder dominar las pasiones; aunque así como con las comidas y, especialmente, con ciertos alimentos, somos esclavos de los dos centímetros cuadrados de papilas gustativas y no los podemos dominar.

Lo mismo sucede cuando el hombre se esclaviza con la cosquilla de la eyaculación, o la mujer con la del orgasmo. Caen presos de la búsqueda incesante de esa sensación.

El ser humano ha sido llevado por las distintas influencias culturales (convencionalmente) a ese camino que se bifurca en dos apetencias sin límites, sin tope: el sexo y el dinero. El primero lo ha llevado a buscar, repetir su primera experiencia y mejorarla. Ver que podía sentir variadas y distintas sensaciones y continuar buscando y sintiendo un sinnúmero de sensaciones que parecen ser cada vez nuevas y distintas; cuando en realidad la necesidad quedaría cubierta y bien satisfecha con una mente saciada sólo con el aprovechamiento más básico y rudimentario.

Sabemos que la imaginación no tiene límites y que somos débiles cuando nos dejamos llevar por una mente agitada, más en esta era caótica y convulsionada. Para ello es necesario estar centrado y tener mucho sentido común.

Debiéramos, sin embargo, recuperar algo que hemos dejado de realizar: redescubrir nuestro cuerpo y el de nuestra pareja desde una conciencia muy amplia de la percepción sensorial, que supone ser consciente de cada milímetro de nuestra piel y de cada uno y todos los corpúsculos de la misma.

De esa manera descubriríamos un mundo nuevo y más real, no como el de la imaginación, el de estar pensando lo que siento o quiero sentir; sino de estar sintiendo y por naturaleza estar pleno de las sensaciones con la mente anclada en el presente sucesivo y no en lo que me gustaría sentir de aquí a unos segundos más tarde.

Recorrer nuestro cuerpo por dentro y por fuera con total atención y no de memoria, con plena aceptación de sus formas.

Recuperemos el contacto-recuperemos el hedonismo

Cuando vamos a la playa en verano recordamos nuestro pasado en la escala evolutiva, recordamos cuando éramos una medusa... Y ¡qué casualidad!, tenemos que recuperar el movimiento de la medusa para que nuestros fluidos medulares puedan moverse mejor. Cuando tenemos algún grado de epilepsia, dislexia, disritmia, o cualquier otra alteración por falta de descarga de la tensión en nuestro sistema nervioso, hacemos los espasmos, las contracciones de la medusa.

Cuando tenemos un orgasmo debiéramos tener los mismos movimientos de la medusa. Claro que para ello hay que dar rienda suelta a la mente y al cuerpo, y esto, por lo visto, según qué cultura no está bien visto.

Debemos dejar los prejuicios, la falsa moral, los tabúes de lado; y vivir las sensaciones a pleno. Explorar nuestro cuerpo y sus zonas erógenas y dejar que una persona las explore (nuestra pareja, esposa/o, amante, etc.), y explorar el del otro a fin de despertar al máximo los corpúsculos de la piel. Ser cada día más sensorial. Comunicarnos con el tacto, desde las manos, que son la prolongación de nuestro corazón.

No estoy haciendo una apología del sexo y sí del cariño, de la ternura, de la admiración por el cuerpo de la pareja, por el acrecentar en nosotros la sensibilidad por lo que tocamos, lo que vemos, lo que oímos, lo que olemos, lo que degustamos en nuestra pareja. No ese trata de una motivación para exacerbar el animal que llevamos dentro y competir en un cuerpo a cuerpo, en una lucha por el triunfo tanto de uno como del otro. Escuchar esa frase machista: «la dejé exhausta ». Tal vez quedó cansada por haber intentado llegar al orgasmo, o porque quedó satisfecha físicamente pero no quedó saciada mentalmente porque no hubo preludio, no hubo ternura, solamente una pasión-pulsión desmesurada de movimientos mecánicos donde actuó la mente y los pensamientos especulativos y egoístas. Nada más.

En cambio, tanto uno como el otro pueden quedar saciados mentalmente después de recibir todo un matiz preliminar. Y no me refiero a querer eyacular o tener orgasmos y vivir la sensación de sopor mental por haber quedado sin fuerzas y decir, «qué bien, me siento relajado», que es lo que busca cualquier hombre o cualquier mujer hoy en día.

Utilizan el sexo como válvula de escape, como ansiolítico para calmar sus nervios y no se preguntan ¿qué queda del amor después de hacer el amor?

Las parejas de hoy se miran de memoria, se ven de memoria, se saben previsibles. Piensan que nada del otro los puede sorprender, están automatizadas, son robots. En algunos casos se relacionan por conveniencia o movidos por circunstancias egoístas, por principios, por prejuicios, por aparentar lo que los demás esperan de ellos, por no saber estar solos, por dependencia y muchas cosas más. Se podría llenar un libro sobre la falta de entrega por no saber querer, por no saber amar a otro ser.

Sólo pensamos en nuestro placer y ¡qué paradójico!, no sabemos cómo lograrlo y así lo malogramos para ambos.

En las prácticas de yoga en pareja uno deja de ser para estar en el otro. En el contacto visual, pupila a pupila uno logra fundirse en el otro y así se identifica con él. De esa manera uno por un instante es un andrógino, posee los dos sexos en proporciones equitativas. De esa manera disfruta sin la participación del EGO.

Estoy seguro, amigo lector, de que a esta altura va comprendiendo lo que otros dicen sobre sacralización del sexo, sublimación, etc. Sí, hay que transcenderlo, sacar la cabeza de los genitales y los genitales de la cabeza para poder ver todo esto con más amplitud. Y no asustarse, que el yoga no pretende alejarle del sexo, transformarle en eunuco, hacerlo célibe, abstinente, ni que se retire a la montaña o al monte en actitud renunciante de este mundo fenoménico que le toca vivir y debe vivirlo; sino que le orienta a disfrutar de otro modo, de una sexualidad mucho más consciente, más cabal, donde participa con todos sus cuerpos: el astral, el mental, el emocional, el causal, el ego y todas las connotaciones e implicancia que ello requiere para que usted sienta que está vivo en este planeta.

Sócrates dijo: «Prefiero estar vivo en la muerte antes que muerto en la vida».

Cambiar los paradigmas

Para disfrutar de la vida desde el placer y sentir gozo por las cosas, debemos cambiar nuestros paradigmas. Es fundamental aprender a administrar el tiempo de una forma que su uso sea totalmente distendido, especialmente si tenemos en cuenta de que con prisa o sin prisa nos vamos a morir igual. Entonces, a partir de ahí, comienza a estar más presente en las cosas y a entregarte a pleno para que todo adquiera más valor. Si observamos a un europeo o a un americano mientras come, nos damos cuenta de lo poco que se quieren. Cualquiera de estos seres estará colocando el bocado de comida en su boca mientras su mirada estará en el plato y su mente pensando en el próximo bocado, y así harán con todo en su vida.

Mientras que una persona de Asia o de cualquier otro lugar de oriente, mientras está con un bocado en su boca, entrecierra los ojos para concentrarse en el paladar y degustar cada instante de lo que ha puesto en su boca, y así reflejará la misma actitud con cada situación de su vida.

Lamentablemente vivimos muy deprisa y pensando en el después, el en mañana. Nos privamos, nos enajenamos, nos robamos el ahora, el ya, el presente sucesivo, el instante actual, que en definitiva es lo único real, porque el ayer, llámese pasado, es pasado y está la sensación de haberlo soñado, de haberlo imaginado, y de no haberlo vivenciado conscientemente. Como ocurre con todo lo que creemos que hemos vivido. En cuanto al futuro, no ha llegado y lo único tangible, tocante, real, verdadero, es este momento, el ahora.

Las personas que atiendo en la consulta se sorprenden cuando les recomiendo que hagan un ejercicio para estar en el presente. Y más se sorprenden luego con el resultado; descubren que todo lo hacen mecánicamente, en forma automática.

El primer paso del ejercicio consiste en repasar el día antes de que éste acabe, ir hacia atrás hora por hora, observando lo que se hizo en el día a cada momento, y muchas, casi la mayoría, se encuentran haciendo las cosas sin pensarlas, sin sentirlas. Se sienten tristes, desilusionadas, hasta muy molestas de descubrir que viven como robots.

Les recomiendo cambiar la rutina de las cosas pequeñas y simples; si abren las puertas con la mano derecha, que coloquen las llaves con la mano izquierda; si se lavan los dientes con el cepillo sostenido por la mano derecha que ahora lo sostengan con la izquierda; y así todo lo que puedan cambiar para recuperar la conciencia del momento presente.

Poder estar cien por ciento en cada cosa nos conducirá a disfrutar más de todo, a saber elegir, a saber distinguir, evaluar, inferir, y no aceptar cosas que nos desagradan. La misma inercia nos lleva a incorporarlas por el mecanismo de la repetición.

Por culpa de la dinámica que llevamos hoy, viviendo inconscientemente; mañana seremos uno más en los bancos de los parques y en las plazas de las ciudades del mundo diciendo lo mismo que la mayoría de los ancianos: Si yo hubiera hecho... Y ya es tarde para lamentos estériles.

Sólo si se es consciente de que la ola de la vida le va empujando en buena dirección, podremos sentirnos satisfechos, y no con la frustración de que la ola nos paso por encima.

Tener una mente estancada, rígida, estructurada, metódica, sin el más mínimo de flexibilidad; nos conduce a errores reiterados. Si bien se aprende de los errores, con no repetirlos ya tenemos bastante.

No podemos pertenecer al *overmind* general, que es actuar en masa. Más allá de la inducción natural del inconsciente colectivo, si somos lo suficientemente fuertes y estamos muy seguros de nosotros mismos, con una buena cuota de autoestima y convicción muy profunda de nuestra cosmovisión de la vida, chocaremos permanente con personas que tienen un patrón estándar y muy masificado, que ven al otro como a un perro verde. Es natural que así suceda, porque es como meter un oso polar a convivir con un rebaño de ovejas de corral.

Cada persona necesita un proceso de crecimiento interior, y muchas veces por designio preestablecido tiene y debe vivir en ámbitos o medios que le pueden resultar hostiles o inadecuados para su estructura caracterológica. Serán entonces las circunstancias las que lo van a ayudar a avanzar en algún aspecto que todavía no ha madurado por más que para otros ambientes esté más evolucionado.

La mayoría de las personas tenemos dependencias

Muchos no sabemos vivir solos o estar a solas con nosotros. Tenemos miedo de enfrentarnos, de encontrarnos, y esta característica nos lleva a estar siempre acompañados con otras personas, con una radio, con un televisor, con unos cascos de música en los oídos, con las luces de la casa encendidas... y así, con alguna evasión, como son el tabaco, las drogas, el alcohol y todo lo que nos distraiga y nos aleje de nosotros mismos. Escapamos aún cuando salimos a correr diciendo que hacemos training para estar en forma.

Decía Williams Jane «corro porque estoy asustado o estoy asustado porque corro», y qué verdad. Muchas veces cuando tomamos conciencia nos asustamos de que estamos corriendo y no sabemos la dirección, no sabemos hacia donde corremos.

Como otras tantas, no sabemos hacia dónde dirigimos la energía. Nuestra mente es muy dicotómica y no logramos manejarla. Siempre cogemos los mismos caminos del laberinto y no poseemos la suficiente voluntad para cambiar el recorrido.

Éste es otro paradigma para cambiar. Debemos invitar amigablemente a la mente a que cambie el hábito de hacer siempre el mismo circuito. Es muy fácil si la comparamos con la actitud de un niño que de repente se enfada porque quiere determinada cosa y usted, muy sutilmente, gira hacia otro lado y le muestra otra cosa para cambiar el interés del infante. Lo mismo tiene que hacer con su mente, desviarla a voluntad, llevarla hacia otro lado cuando ella lo hostigue con sentimientos que a usted le hacen daño. No es evadirnos; sino darnos la oportunidad de fortalecernos con emociones positivas para luego poder combatir lo negativo. En cambio, si la dejamos dándole rienda suelta y le permitimos que siempre se vaya a los rincones oscuros; no sólo tendremos obsesiones o fijaciones, sino que se habrá tornando vulnerable a todo movimiento de la mente en sentido negativo.

Todos sabemos que vivir desde el deseo, en forma caprichosa, no es la manera más acertada de vivir la vida. Ese proceder tiene como resultado el sufrimiento, la ecuación es deseo no cumplido= frustración= ansiedad=sufrimiento. La vida es más interesante y llena de matices si uno logra abandonarse y vivir lo que le presenta día a día, escapando de un plan conformista. Debemos entregarnos a la esencia y decirle que haga de uno un instrumento de su paz y amor, y ser transformados en un canal limpio y puro. Sentir profundamente que todo lo que veo me pertenece, que realmente el banquete está servido y que debo sentarme al festín y disfrutar plenamente con actitud de gozo.

Claro que para lograr esto primero hay que sentir en el corazón que uno cree en la esencia divina y espera en la esencia divina.

Como verá, amigo lector, después de haber recorrido parte del mundo, de haber metido las narices en casi todas las religiones y profesar el yoga, que por lo general está ilustrado de tanto politeísmo, de tantas divinidades; le aseguro que no me siento más o menos *yôgi* que un tantrista o que un hinduista. Sencillamente no creo que sea necesario ningún dogma para comulgar con la esencia de todas las cosas. Una vez leí un aforismo del filósofo argentino, Antonio Porchia: «Un amigo, una flor, una estrella, no son nada si no pones en ello, un amigo, una flor y una estrella». Y si bien estoy totalmente de acuerdo con que según sea la siembra, así será la cosecha; con la fuente de la intención o esencia divina sucede lo mismo, de acuerdo con mi entrega, con mi abandono, va a ser lo que obtenga en el plano de bienaventuranza.

Y no tengo dudas de que el éter está totalmente habitado por huestes de luz, y que mucha gente necesita de esa conexión. Pero también estoy convencido de que se puede, desde la humildad, sentir lo que está por encima de todo y por ello no está lejos, y sentirlo dentro de sí, y dejarse guiar y llevar con total pasión

Ejercicio de aceptación

Mirar nuestro cuerpo de frente, de espaldas y de lado, en un espejo grande, y anotar en un papel con dos columnas a un lado «Lo que me agrada de mi cuerpo» y al otro «Lo que me desagrada de mi cuerpo». Comenzaremos un trabajo de visualización diaria para mejora aquello que me cuesta aceptar.

Solamente revalorizando nuestro cuerpo físico podemos aumentar la autoestima y comenzar a buscar dentro de nosotros, convencidos de es tan importante el envase como el contenido. No se puede ambicionar una búsqueda espiritual sin antes valorarnos a nosotros. No se puede querer a alguien superior, a otro ser, a cualquiera, sea nuestro semejante, sea un avatar de luz, sea la esencia misma de la creación o lo que fuere; si no nos amamos nosotros y recordemos el axioma:

«Para ser altruista antes hay que ser egoísta».

No puedo ofrecer lo que a mí me hace falta, no puedo dar lo que yo no tengo, no puedo compartir mis miserias, y cuanto menos repartirlas.

Una vez convencido de que mi cuerpo es el templo del alma y que en el centro de mi corazón reside la chispa divina, ahí entonces comenzaré a cuidar de mí y a querer conocerme cada día más.

Querré entrar en mi interior, buscar dentro de mí, conocerme. Entonces podrá valer el axioma que dice: «Cuando el hombre conoce a los demás es un sabio, cuando se conoce a sí mismo es un iluminado».

Tenemos que convencernos de la importancia de trabajar primero el cuerpo físico y lograr el pleno dominio de éste si es que pretendemos dominar nuestra mente y junto con ello las emociones. Así accederemos al desarrollo espiritual para poder, de este modo, tomar contacto con la esencia.

Nuestro principio fundamental como humanos racionales es contactar con la fuente, la intención, es hacer esperar todo menos nuestro encuentro con la esencia desde un acto genuino, por la necesidad natural de saber de dónde venimos y hacia dónde vamos.

Es obvio que para avanzar en el camino hay que desarrollar el proceso de la energía, y ésta nos da muchas más posibilidades si la acrecentamos desde una visión tántrica. Polarizar para activar el camino de la energía, ese camino que debe recorrer desde un extremo al otro de la columna vertebral, desde el primer *chakra* al séptimo, desde el polo sur al polo norte, desde el *Muladhara* al *Sasharara*, para extrapolar la energía.

A través de distintas técnicas, la energía se puede acrecentar y mover pasándola de *chakra* a *chakra* —con el máximo cuidado para no alterar, no dañar la sensibilidad del sistema— y así, con el trabajo asiduo, constante, ininterrumpido, con mucho empeño y la decisión firme podremos descubrir verdades que solo se encuentran dentro de nosotros.

Son pocas las personas dispuestas o, mejor dicho, preparadas para dicha tarea. Hoy en esta era del consumismo todos los habitantes del planeta piensan que si hacen introspección, en un acto de abandono total, en una meditación profunda; se estarían perdiendo algo en el mundo externo. No se dan cuenta de que afuera nada cambia, todo se repite, que lo que no vieron hoy lo pueden ver mañana, y que en esa carrera frenética lo único que hacen es alejarse cada vez más de su ser o naturaleza interna.

El *yôgi* tiene otra cosmovisión

El hombre pasa su vida intentando encontrar la llave de la felicidad, y le cuesta convencerse de que la felicidad no es un estado de inmanencia permanente; sino la suma de motivos, de situaciones que él mismo genera. Piensa que necesita la paz interna, y la tuvo ahí siempre. Lo que seguramente ha hecho son cosas para agitar las aguas, y ahora no puede ver el fondo. Hay algo que nos cuesta mucho hacer por ser tan egoístas, y ello nos lleva a darle poder a un sentimiento negativo como lo es el miedo. Éste, que es el director, pone en funcionamiento demás sentimientos como la envidia, los celos, la ira, el resentimiento. Para vencerlo, en vez de enfrentarlo, transmutarlo o asumirlo, lo único que buscamos es controlarlo. Al igual que tratamos de controlar todo lo que nos rodea. Hasta hacemos cursos de control mental, y no nos damos cuenta que sólo dañamos nuestros sistemas, controlar la energía (y no me canso de repetirlo), es como frenar todo el tiempo el cauce de un río en un dique de contención. En algún momento, si no se levantan las compuertas de la represa, el dique volará en mil pedazos por la fuerte presión del agua.

Esto, llevado a nuestro cuerpo, se traduce en infarto, en un accidente cerebro-vascular, en muchas enfermedades que tienen aquellos que aparentan ser moderados, domesticados, sociables, controlados, apacibles, sosegados, diplomáticos. Lo único que consiguen es minar sus cuerpos de veneno, llámese adrenalina o cualquier otro tóxico emocional que no logramos eliminar de forma natural.

Deberíamos aprender de los animales, que cuando tienen un conflicto, o se descargan en la lucha, o corren para eliminar la adrenalina. Por último se revuelcan en la tierra, que ésta absorba la carga de energía estática, los iones positivos que le genera el mal momento. ¿Se imaginan a un hombre evitando la contienda, corriendo y revolcándose en el césped? El qué dirán no se lo permite, o tal vez se inhiba para no gastar en tintorería Total..., el médico y los medicamentos son más baratos, y los órganos dañados se pueden reemplazar por los de otro que no supo correr o revolcarse.

Es mejor quedarse solo en el medio del desierto con una lata de castañas de cajú saladas en las manos y sin agua, que vivir socialmente siendo fiel a los demás haciendo todo lo que esperan de uno. Debemos ser leales a nosotros mismos, a nuestro ser interno, y seguir sus dictados; aunque a veces parezcan muy fuera de contexto.

La fórmula de la felicidad existe; aunque no es fácil llevarla a cabo. Lo ideal para lograrla es pensar, sentir, decir y actuar en consecuencia. Si usted conoce a más de cinco personas que actúan con esa premisa, le aseguro que está viviendo en el edén, su lugar es el paraíso. No lo descuide, disfrute, porque es un privilegiado.

Intente lograrlo, es sólo proponérselo, no se pierde nada, a lo sumo, lo que pierde no lo necesita, le estaba de más, sea valiente, cambie el paradigma.

Bibliografía

La curación por las flores de Edward Bach

Cúrese usted mismo de Edward Bach

Obras completas del Dr. Edward Bach

Esencias florales para cada momento, Santiago Rojas Posada

Los descubrimientos del Doctor Edward Bach

Para contactar con los autores:

Horacio Rodríguez Porto
www.saludorientalzgz.es · info@saludorientalzgz.es
www.vivireltantra.es · info@vivireltantra.es

Estela Millán
www.estelamillan.es · info@estelamillan.es
www.asociacionaragonesareikiparatodos.es · comunicacion@
asociacionaragonesareikiparatodos.es

26198954R00089